GERMAN SHORT STORIES
1955–1965

D1602937

CONTENTS

ACKNOWLEDGMENTS

For permission to use copyright material, acknowledgment is made to the following: Wolfdietrich Schnurre and Verlag der Arche for 'Der Verrat'; the estate of the late Johannes Bobrowski and Friedrich Middelhauve Verlag for 'Stiller Sommer: zugleich etwas über Wachteln' from *Dichter erzählen Kindern*, edited by Gertraud Middelhauve; the estate of the late Johannes Bobrowski and Union Verlag, Berlin, for 'Mäusefest'; Marie Luise Kaschnitz and Claassen Verlag for 'Eines Mittags, Mitte Juni'; Martin Walser and Suhrkamp Verlag for 'Die Rückkehr eines Sammlers'; Herbert Eisenreich and Sigbert Mohn Verlag for 'Erlebnis wie bei Dostojewski'; Heinz Albers for 'Die Krähen'; Siegfried Lenz and Hoffmann und Campe Verlag for 'Nachzahlung' (with the author's approval, some dialogue passages in this story have been modified to bring them closer to normal German usage and spelling); and Hans Erich Nossack and Suhrkamp Verlag for 'Helios GmbH'.

INTRODUCTION

It has been suggested that the year 1945 brought a gap in the course of German writing that was greater than that caused by the events of 1918. A sense of continuity was provided, however, it has also been argued, by the work of authors who were exiles from Germany as well as of those who belonged to the 'inner emigration'. The first years from 1945 onwards have been seen as a period of brotherliness and equality which, after it had yielded to a time of greater material stability, lost its first enthusiasm of humane spirit. In his *Frankfurter Vorlesungen* (1966) Heinrich Böll looked back to the 'humane realism' of German writing at this earlier time, recalling the wealth of imaginative material which that period produced: 'The Germany of the years 1945–1954 would have disappeared long ago, if it had not found expression in the literature of the time.' This was a time when the air had to be cleared, and when the presentation of personal experience through direct realism was of major importance; what predominated until about 1955 was 'a literature of witnesses and of confidants' (Siegfried Lenz). Early in the 1950s Hans Erich Nossack said: 'Let us see the terrible things we have experienced as a background to present-day phenomena that is to be taken for granted.' Wolfdietrich Schnurre defined his criteria for judging literature as being 'according to the extent of my being moved and according to its value in terms of veracity'. During the first years after 1945 these authors would see an emphasis on the close association of literature with commitment in personal outlook. Later (Karl August Horst, 'Neue Strömungen in der deutschen Literatur der Nachkriegszeit', in Hermann Kunisch, *Handbuch der deutschen Gegenwartsliteratur*, 1965, puts forward the year 1958) there was a fresh stress on the manner of writing and on experimentation with a wide variety of aesthetic means, with the result that behind a richness in form there might be a less direct revelation of personal feeling; but a sharper, more ironical note, perhaps a more differentiated subtlety and a greater self-consciousness about language, might be found in this subsequent time.

The short story has not only been a significant medium for the self-expression of creative authors, but has begun to acquire a critical literature of its own. R. Hinton Thomas, after discussing criticism of the recent German short story (*Seventeen Modern German Stories*, 1965), concludes that only one of its features can be stressed with certainty, 'its structural and thematic variety'. For Bobrowski the short story was fascinating primarily because of its 'open form'.

The pieces that follow have been selected in the first place as a personal choice, not in order to illustrate any thesis or theory. It is inevitably a very limited selection, and other authors might well have been represented here too, if this had been possible.

WOLFDIETRICH SCHNURRE

Wolfdietrich Schnurre was born in 1920 in Frankfurt am Main, and moved to Berlin in 1928. His collection of short stories *Man sollte dagegen sein*, though first published in 1960, was written between 1945 and 1947. In his preface to this volume the author looks back to literature immediately after the war and contrasts it with the position in 1960:

Denn es war eine engagierte Literatur; eine Literatur, die etwas wollte. Sie wollte verändern. Es scheint ihr da allerdings — was sie häufig vorausgeahnt hat — nicht viel Erfolg beschieden gewesen zu sein. Zwar *hat* sich Deutschland verändert, aber nicht im Sinne jener Literatur.

It would be perhaps a good thing, he continues, if our present-day literature were to consider now and again its initial position between the years 1945 and 1947.

Sternstaub und Sänfte. Die Aufzeichnungen des Pudels Ali (1953) contains literary satire in the form of an animal fable. In the sequence of episodes *Das Los unserer Stadt* (1959) fantasy replaces realism in the treatment of time and place. *Berlin. Eine Stadt wird geteilt* (1962) is a volume of photographs with an introduction and comments on the division of the city. A wide variety of themes and backgrounds from modern German life is presented in the collections of short stories *Eine Rechnung, die nicht aufgeht* (1958), *Funke im Reisig* (1963) and *Ohne Einsatz kein Spiel* (1964), as also in the volume of radio-plays, *Spreezimmer möbliert* (1967).

The story 'Der Verrat' is from *Als Vaters Bart noch rot war* (1958); here the author describes incidents taking place mostly in Berlin in the 1920s and 1930s as they befall a boy and his father. In 'Brief an eine Schülerin' (included in the volume of essays *Schreibtisch unter freiem Himmel*, 1964) Wolfdietrich Schnurre identifies himself with Bruno, the little boy who is narrator, and declares that the purpose of *Als Vaters Bart noch rot war* was to give the reader:

...Mut zum Idealismus; Mut, auch dann zuversichtlich zu sein, wenn eigentlich gar kein Grund zur Zuversicht besteht.

What he wanted to show there was above all:

...zwei, die auf der Suche nach dem Menschen sind und ihn, obwohl die
Zeit keineswegs dafür geeignet ist, sogar zu finden verstehen.

DER VERRAT

Mit einem Schlag war es Frühling. Auf der abgestorbenen Ulme
im Hof sang früh eine Drossel, die Spatzen verschwanden mit
ellenlangen Strohhalmen hinter der Dachrinne, und in den Schau-
fenstern der Papierhandlungen waren rotgelbe Triesel und stumpf
glänzende Murmeln zu sehen.

Vater stand jetzt wieder früher auf, und wir gingen morgens
immer in den Tiergarten, wo wir uns auf eine Bank in der Sonne
setzten und dösten oder uns Geschichten erzählten, in denen Leute
vorkamen, die Arbeit hatten und jeden Tag satt wurden.

War die Sonne mal weg, oder es regnete, gingen wir in den
Zoo. Wir kamen umsonst rein; Vater war mit dem Mann an der
Kasse befreundet.

Am häufigsten gingen wir zu den Affen; wir nahmen ihnen
meist, wenn niemand hinsah, die Erdnüsse weg; die Affen hatten
genug zu essen, sie hatten bestimmt viel mehr als wir.

Manche Affen kannten uns schon; ein Gibbon war da, der
reichte uns jedesmal alles, was er an Eßbarem hatte, durchs Gitter.
Nahmen wir es ihm ab, klatschte er über dem Kopf in seine langen
Hände, fletschte die Zähne und torkelte wie betrunken im Käfig
umher. Wir dachten zuerst, er machte sich über uns lustig; aber
allmählich kamen wir dahinter, er verstellte sich nur, er wollte
uns der Peinlichkeit des Almosenempfangens entheben.

Er sparte richtig für uns. Er hatte eine alte Konservenbüchse, in
die tat er alles, was man ihm am Tag zu essen gegeben hatte, hinein. Wenn wir kamen, sah er sich jedesmal erst besorgt um, ob
uns auch niemand beobachten könnte; dann griff er in seine

Büchse und reichte uns die erste Erdnuß, nachdem er sie sorgfältig am Brustfell saubergerieben hatte, durchs Gitter.

Er wartete, bis wir eine Nuß aufgegessen hatten, darauf reichte er uns die nächste hinaus. Es war mühsam, sich da nach ihm zu richten; aber er hatte wohl seine Gründe für diese umständliche Art, uns die Nüsse zu geben; und wir mochten ihn auch nicht beleidigen, denn er hatte Augen, so alt wie die Welt, und Vater sagte immer: 'Wenn das stimmt mit der Seelenwanderung und so, dann wäre es wohl das Beste, als Gibbon wiederzukommen.'

Einmal fanden wir ein Portemonnaie mit zwanzig Pfennig drin. Erst wollten wir uns Brötchen kaufen; aber dann nahmen wir uns zusammen und kauften dem Gibbon ein Viertelpfund Rosinen dafür.

Er nahm die Tüte auch an. Er öffnete sie vorsichtig, roch behutsam am Inhalt, und darauf nahm er Rosine um Rosine heraus und legte sie achtsam in seine Konservenbüchse; und als wir am nächsten Tag kamen, reichte er uns das ganze Viertelpfund wieder, Rosine um Rosine, durchs Gitter, und uns blieb nichts weiter übrig, als sie zu essen; denn er war leicht zu verstimmen.

Einige Tage später war große Aufregung im Affenhaus. Der Zoodirektor war drin und schnauzte den Oberwärter an, und der Oberwärter schnauzte den Wärter an, und der Wärter schnauzte die Leute, die drum herumstanden, an, und endlich kam raus: die Käfigtür hatte offengestanden, und der Gibbon war weg.

Uns ging es gerade wieder ein bißchen besser an dem Tag; wir hatten zwei Mark mit Teppichklopfen verdient und dem Gibbon eine Banane gekauft. Wir liefen den ganzen Tag über herum und halfen dem Wärter ihn suchen — umsonst. Da vergruben wir die Banane im Tiergarten und schworen uns, sie auch beim ärgsten Hunger nicht auszugraben; sie sollte ein Opfer sein; wir hofften damit zu erreichen, daß dem Gibbon kein Unglück passierte.

Am nächsten Tag waren wir wieder im Zoo; den Gibbon hatte niemand gesehen. Es suchte ihn auch schon gar keiner mehr; die

Wärter sagten: 'Der ist abgehauen in den Tiergarten rüber.' Aber wir suchten trotzdem weiter nach ihm, allerdings nicht mehr sehr lange; wir waren zu traurig.

Den Rest des Tages saßen wir bloß vor seinem leeren Käfig und starrten hinein; und dann fing die Sonne an unterzugehen, und Vater sagte: 'Komm, laufen wir noch ein bißchen herum.'

Der Abend war milde. Die Eingänge waren schon zu, aber wir kannten ein Loch in der Mauer hinter dem Verwaltungsgebäude, da konnte man durchkriechen. So hatten wir Zeit jetzt und sahen den Löwen zu, die zum Abendbrotnachtisch den Rost von den Käfigstangen leckten und besuchten das Nilpferd, das schon in seinem gekachelten Stall war und, vom Lichtwiderschein einer nackten Glühbirne verschönt, vor einem Heufuder stand und genüßlich auf einem Ampferhalm kaute. Auf einmal hielt mich Vater am Arm fest. 'Da —!' sagte er heiser und nickte zu der Eichengruppe im Rentiergehege hinüber.

Man mußte die Augen zukneifen, es war zu viel Abendrot-Gold in den Zweigen. Aber dann sah auch ich ihn: dort hing er, an einem seiner langen Arme baumelnd, im Licht der schläfrigen Sonne, und lauste sich wohlig.

Wir sahen uns erst sorgfältig um, ob auch keiner der Wärter den Gibbon endeckt hätte, dann stellten wir uns unter das über-hängende Dach des Rentiergeheges und beobachteten ihn.

Das Abendrot mischte sich langsam mit Grau. Man hörte die S-Bahn vom Hochbahnhof rüber und die Seehunde jauchzen; ein Pfau kreischte fern, und auf der Marmorbüste des ersten Direktors saß eine Amsel mit einem sich krümmenden Regenwurm im Schnabel. Es roch nach Frühling, nach Raubtier und nach Benzin; die Luft war wie aus gläsernem Spinnweb gesponnen.

Der Gibbon hatte seine Arbeit jetzt unterbrochen, er stand frei-händig, die Arme ausgebreitet wie zögernde Flügel, auf seinem waagrechten Ast und hatte die flache Nase witternd zum Zenit aufgehoben.

Plötzlich stieß er einen schnalzenden Freudenlaut aus, seine

Spachtelhände griffen einen höheren Ast, er schwang sich einmal vor, einmal zurück, und dann flog er mit einem riesigen Satz zum Nachbarbaum rüber und von dem zum nächsten Baum hin; Vater und ich rannten aufgeregt mit.

Aber auf einmal blieben wir stehen, und ich dachte, das Herz ginge mir kaputt vor Schreck: Wieder flog der Gibbon jetzt durch die Luft, er wollte zu der Baumgruppe im Wildschweingehege hinüber. Aber er hatte sich in der Entfernung verschätzt, mitten im Sprung brach die Brücke seines Schwungs plötzlich ab; es sah aus, als stünde er einen Augenblick verloren und ratlos still in der Luft; dann stürzte er Hals über Kopf ins Wildschweingehege.

Ich wollte schreien, aber ich bekam keine Luft; da rannte ich Vater nach und half ihm, aufs Gitter zu steigen. Er wickelte sich oben den Mantel um den Arm, und dann sprang er hinab.

Es war höchste Zeit, schon standen drei ruppige Wildschweine um den Gibbon herum; sie grunzten böse, und eins, dem vier mächtige gelbe Hauer aus der Steckdosenschnauze ragten, hatte einen der langen Arme des Gibbon gepackt und zerrte an ihm.

Vater hielt sich den Mantelknäuel vor den Bauch und gab dem Wildschwein einen Tritt. Es bekam einen Schreck; es ließ den Gibbon los und sprang quiekend zur Seite. Vorsichtig hob Vater den Gibbon nun auf und zog sich im Zeitlupentempo mit ihm zum Gitter zurück.

Ich war raufgeklettert und nahm ihm den Leblosen ab; er war wie tot; ich wunderte mich, wie leicht er sich anhob.

Jetzt hatte sich das Wildschwein wieder gefaßt, es gurgelte eine Beschimpfung und raste mit gesenktem Schädel auf Vater zu. Der duckte sich und sprang zur Seite, und der Kopf des Wildschweins krachte gegen das Gitter. Es war sehr benommen darauf, und die Pause, die es zum Nachdenken brauchte, benutzte Vater, um wieder rüberzukommen.

Nun rannten alle Wildschweine ans Gitter und hoben die Rüssel und beschimpften uns grunzend und sahen uns heimtückisch an.

'Tut mir leid', sagte Vater zu dem, das sich den Kopf gerammt hatte; 'war leider nicht anders zu machen.'

Dann packten wir den Gibbon in Vaters Mantel ein und schlichen auf Umwegen zu dem Loch in der Mauer; wir wollten nicht gern gesehen werden, denn der Zooarzt war Veterinär, 'und Pferdedoktoren', sagte Vater, 'die verstehen sich nun mal auf Affenseelen nicht gut.'

Doch es sah beinah so aus, als hätte der Gibbon seine schon ausgehaucht. Als Vater ihn zu Hause aufs Bett legte, war nicht mal sein Atem zu spüren.

Vater horchte ihn ab.

Ich hielt so lange die Luft an, bis ich dachte, das Herz bliebe mir stehen. 'Na —?' fragte ich schließlich.

Vater richtete sich auf; er räusperte sich, seine Stimme klang heiser. 'Er lebt', sagte er dann.

Drei Tage lang machten wir kein Auge zu; wir saßen nur am Bett und krampften die Fäuste zusammen und schworen, dem Schicksal mindestens eine Mark einzugraben, wenn es den Gibbon wieder zu sich kommen ließe.

Am dritten Tag fing er dann auch an zu reden im Fieber; es war eine merkwürdige, sanfte und ans Zerbrechen von Gummibaumblättern erinnernde Sprache.

'Er redet vom Urwald', sagte Vater; 'und wohl auch von seinen Geschwistern und von den schmackhaften Käfern und Larven und zarten Lianentrieben, die er zu Hause gegessen hat.'

Einmal wachte er auch auf und sah uns an. Er fletschte etwas die Zähne, aber wir waren nicht sicher, ob es ein Lächeln bedeutete. Immerhin, er nahm uns ein wenig Milch ab, und am nächsten Tag aß er sogar schon Kartoffelpüree mit geriebenen Mohrrüben drin. Er schien sich nichts gebrochen zu haben; nur seine Seele hatte den Sturz zu den Wildschweinen noch nicht überwunden; sie hatte wohl schon zu viel Freiheit gewittert und konnte sich nun nicht so recht damit abfinden, wieder gefangen zu sein. Auch die Stelle, an der ihn das Wildschwein gebissen hatte, begann ihm jetzt zu schaffen zu machen.

Zum Glück hatten wir bei der Apotheke Kredit; Vater legte dem Gibbon einen Verband an, und in den folgenden Tagen machten wir auch die ersten Gehversuche mit ihm. Wir nahmen ihn jeder an eine Hand und gingen langsam mit ihm im Zimmer umher. Das mochte er gern; er sah zu uns auf und fletschte die Zähne dazu. Aber er hielt nie lange durch, er war noch zu schwach; der Sturz mußte wohl doch allerhand in ihm durcheinandergeschüttelt haben.

Leider hatten wir nur in der Apotheke Kredit; die Lebensmittelgeschäfte borgten uns schon lange nichts mehr. Anfangs pumpten wir uns immer noch ein paar Pfennige zusammen und kauften wenigstens dem Gibbon noch was zu essen. Aber *wir* hatten auch Hunger.

Ein paarmal gingen wir abwechselnd auf Froschjagd; die Frösche verkauften wir an das Seruminstitut der Charité; man kriegte da fünfzig Pfennig fürs Dutzend. Damit kamen wir ein bißchen weiter. Aber dann wollten sie eines Tages keine Frösche mehr haben, und da wußten wir, jetzt war es endgültig aus.

Vater versuchte es noch mal mit Teppichklopfen; doch die Zeit des Frühjahrs-Großreinemachens war endgültig vorbei, und zu was Anderem taugten wir nicht.

Einmal war ich im Zoo, um dem Gibbon im Affenhaus ein paar Erdnüsse zu besorgen. Auf dem Rückweg erzählte mir der Mann an der Kasse, sie hätten eine Belohnung ausgesetzt: wer den Gibbon zurückbrächte, der bekäme zwanzig Mark ausbezahlt.

Ich rannte nach Hause und erzählte es Vater.

Vater saß auf dem Bettrand; seit wir dem Gibbon kein Obst und kein Gemüse mehr geben konnten, war er wieder kränklich geworden; seine langen Arme auf dem Deckbett sahen wie trockene Farnrispen aus, und seine alten Weltaugen blickten abwesend ins Leere.

'Schäm dich', sagte Vater nach einer längeren Pause.

Ich schämte mich auch; aber in der Nacht kamen wir beide fast zur gleichen Zeit drauf zu sprechen; wir hatten einfach zu großen Hunger.

Der Gibbon wußte genau, was ihm bevorstand, als wir ihn am nächsten Morgen dann einpackten. Er zog die Mundwinkel runter und ließ pausenlos den Kopf hin und her pendeln. Wir kannten diese Geste an ihm, sie bedeutete Trauer.

Nur mühsam bezwang ich mich, nicht zu heulen, und auch Vater begann schon zu schlucken.

Aber im Hausflur legte der Gibbon Vater plötzlich die langen Arme um den Hals, und da räusperte Vater sich, und wir machten wortlos kehrt und legten den Gibbon wieder ins Bett.

Doch in der Nacht fing er an, in seiner Blätterzerknacksprache zu reden, und da wußten wir, morgen mußte er weg, er würde sonst sterben vor Hunger.

Ich war zu erledigt, um zum Zoo zu gehen; so sagte Vater ihnen Bescheid. Aber als er dann wiederkam und sagte, er hätte es wirklich getan, da hielt ich es nicht aus, dabei zu sein, wenn sie ihn holten; und ich lief weg und versteckte mich bis zum Abend.

Gegen sieben kam ich zurück.

Vater hatte schon eingekauft; er stand am Fenster und sah raus auf den Hof, wo in der abgestorbenen Ulme die Drossel ihr Abendlied sang.

'Iß', sagte er.

'Und du —?' fragte ich.

Vater sagte, er hätte schon.

Ich sah erst das Brot an, darauf die Wurst; von beidem war noch nichts abgeschnitten. Da trat ich neben ihn, und wir guckten eine Weile zusammen auf die Müllkästen runter.

'Am liebsten', sagte ich, 'würd ich's vergraben.'

'Geht mir genau so', sagte Vater.

8

JOHANNES BOBROWSKI

Johannes Bobrowski was born in Tilsit in 1917 and died in East Berlin on 2 September 1965, where he was on the staff of the *Union Verlag*. *Hans Clauert, der märkische Eulenspiegel* (1956) relates anecdotes in a sixteenth-century setting which reveal the author's interest in folklore. The volumes of lyrical poetry *Sarmatische Zeit* (1961) and *Schattenland Ströme* (1962) are concerned frequently with scenes and impressions from areas of Eastern Europe adjoining the Baltic seaboard. The poems 'Kindheit' (from *Sarmatische Zeit*) and 'Der Wachtelschlag' (from *Schattenland Ströme*) are particularly close to the theme of the second prose piece of this author which is included here. The action of the novel *Levins Mühle* (1964) takes place in 1874 and it depicts a rural community where conflict may be exacerbated by the relationships of Germans and Poles; an interweaving of bird and human analogies is achieved with poetic sensitivity. The posthumously published novel *Litauische Claviere* (1966) is concerned with German–Lithuanian border tensions in 1936, and also looks back to the eighteenth century. Two volumes of short stories appeared during the author's lifetime, *Boehlendorff und andere* (1965) and *Mäusefest* (1965). A further collection of poems, *Wetterzeichen*, was published in 1966.

In an interview 'Ansichten und Absichten', the author describes how the theme of Germany's relations with her eastern neighbours became an important motive-force in his writing. His approach to nature is concern for 'a landscape in which people have worked, in which people live, in which people are active'. If popular usages occur in his style, it is so that the language may become 'a little lighter, a little more colourful and a little livelier'. This and other more personal and occasional pieces by and about Bobrowski have been collected in the volume *Selbstzeugnisse und Beiträge über sein Werk* (1967).

Note. Following the original text of 'Mäusefest', inverted commas are not used to indicate speech.

MÄUSEFEST

Moise Trumpeter sitzt auf dem Stühlchen in der Ladenecke. Der
Laden ist klein, und er ist leer. Wahrscheinlich weil die Sonne, die
immer hereinkommt, Platz braucht und der Mond auch. Der
kommt auch immer herein, wenn er vorbeigeht. Der Mond also
auch. Er ist hereingekommen, der Mond, zur Tür herein, die
Ladenklingel hat sich nur einmal und ganz leise nur gerührt, aber
vielleicht gar nicht, weil der Mond hereinkam, sondern weil die
Mäuschen so laufen und herumtanzen auf den dünnen Dielen-
brettern. Der Mond ist also gekommen, und Moise hat Guten
Abend, Mond! gesagt, und nun sehen sie beide den Mäuschen zu.

Das ist aber auch jeden Tag anders mit den Mäusen, mal tanzen
sie so und mal so, und alles mit vier Beinen, einem spitzen Kopf
und einem dünnen Schwänzchen.

Aber lieber Mond, sagt Moise, das ist längst nicht alles, da haben
sie noch so ein Körperchen, und was da alles drin ist! Aber das
kannst du vielleicht nicht verstehen, und außerdem ist es gar nicht
jeden Tag anders, sondern immer ganz genau dasselbe, und das,
denk ich, ist gerade so sehr verwunderlich. Es wird schon eher so
sein, daß du jeden Tag anders bist, obwohl du doch immer durch
die gleiche Tür kommst und es immer dunkel ist, bevor du hier
Platz genommen hast. Aber nun sei mal still und paß gut auf.

Siehst du, es ist immer dasselbe.

Moise hat eine Brotrinde vor seine Füße fallen lassen, da huschen
die Mäuschen näher, ein Streckchen um das andere, einige richten
sich sogar auf und schnuppern ein bißchen in die Luft. Siehst du,
so ist es. Immer dasselbe.

Da sitzen die beiden Alten und freuen sich und hören zuerst gar
nicht, daß die Ladentür aufgegangen ist. Nur die Mäuse haben es
gleich gehört und sind fort, ganz fort und so schnell, daß man nicht
sagen kann, wohin sie gelaufen sind.

In der Tür steht ein Soldat, ein Deutscher. Moise hat gute Augen,
er sieht: ein junger Mensch, so ein Schuljunge, der eigentlich gar

nicht weiß, was er hier wollte, jetzt, wo er in der Tür steht. Mal sehen, wie das Judenvolk haust, wird er sich draußen gedacht haben. Aber jetzt sitzt der alte Jude auf seinem Stühlchen, und der Laden ist hell vom Mondlicht. Wenn Se mechten hereintreten, Herr Leitnantleben, sagt Moise.

Der Junge schließt die Tür. Er wundert sich gar nicht, daß der Jude Deutsch kann, er steht so da, und als Moise sich erhebt und sagt: Kommen Se man, andern Stuhl hab ich nicht, sagt er: Danke, ich kann stehen, aber er macht ein paar Schritte, bis in die Mitte des Ladens, und dann noch drei Schritte auf den Stuhl zu. Und da Moise noch einmal zum Sitzen auffordert, setzt er sich auch.

Jetzt sind Se mal ganz still, sagt Moise und lehnt sich an die Wand.

Die Brotrinde liegt noch immer da, und, siehst du, da kommen auch die Mäuse wieder. Wie vorher, gar nicht ein bißchen langsamer, genau wie vorher, ein Stückchen, noch ein Stückchen, mit Aufrichten und Schnuppern und einem ganz winzigen Schnaufer, den nur Moise hört und vielleicht der Mond auch. Ganz genau wie vorher.

Und nun haben sie die Rinde wiedergefunden. Ein Mäusefest, in kleinem Rahmen, versteht sich, nichts Besonderes, aber auch nicht ganz alltäglich.

Da sitzt man und sieht zu. Der Krieg ist schon ein paar Tage alt. Das Land heißt Polen. Es ist ganz flach und sandig. Die Straßen sind schlecht, und es gibt viele Kinder hier. Was soll man da noch reden? Die Deutschen sind gekommen, unzählig viele, einer sitzt hier im Judenladen, ein ganz junger, ein Milchbart. Er hat eine Mutter in Deutschland und einen Vater, auch noch in Deutschland, und zwei kleine Schwestern. Nun kommt man also in der Welt herum, wird er denken, jetzt ist man in Polen, und später vielleicht fährt man nach England, und dieses Polen hier ist ganz polnisch.

Der alte Jude lehnt an der Wand. Die Mäuse sind noch immer um ihre Rinde versammelt. Wenn sie noch kleiner geworden ist, wird eine ältere Mäusemutter sie mit nach Hause nehmen, und die andern Mäuschen werden hinterherlaufen.

Weißt du, sagt der Mond zu Moise, ich muß noch ein bißchen weiter. Und Moise weiß schon, daß es dem Mond unbehaglich ist, weil dieser Deutsche da herumsitzt. Was will er denn bloß? Also sagt Moise nur: Bleib du noch ein Weilchen.

Aber dafür erhebt sich der Soldat jetzt. Die Mäuse laufen davon, man weiß gar nicht, wohin sie alle so schnell verschwinden können. Er überlegt, ob er Aufwiedersehen sagen soll, bleibt also einen Augenblick noch im Laden stehen und geht dann einfach hinaus.

Moise sagt nichts, er wartet, daß der Mond zu sprechen anfängt. Die Mäuse sind fort, verschwunden. Mäuse können das.

Das war ein Deutscher, sagt der Mond, du weißt doch, was mit diesen Deutschen ist. Und weil Moise noch immer so wie vorher an der Wand lehnt und gar nichts sagt, fährt er dringlicher fort: Weglaufen willst du nicht, verstecken willst du dich nicht, ach Moise. Das war ein Deutscher, das hast du doch gesehen. Sag mir bloß nicht, der Junge ist keiner, oder jedenfalls kein schlimmer. Das macht jetzt keinen Unterschied mehr. Wenn sie über Polen gekommen sind, wie wird es mit deinen Leuten gehn?

Ich hab gehört, sagt Moise.

Es ist jetzt ganz weiß im Laden. Das Licht füllt den Raum bis an die Tür in der Rückwand. Wo Moise lehnt, ganz weiß, daß man denkt, er werde immer mehr eins mit der Wand. Mit jedem Wort, das er sagt. Ich weiß, sagt Moise, da hast du ganz recht, ich werd Ärger kriegen mit meinem Gott.

STILLER SOMMER; ZUGLEICH
ETWAS ÜBER WACHTELN

Als wir aus dem Feld kamen, wurde es still. Hinter uns im Wald sangen die Vögel noch weiter, ganz gewiß, aber hier, im freien Feld, war es ganz still.

Der Wald hielt seine Lieder zusammen, daß sie nicht hinaustönten ins Feld. Die Bäume hängten ihr Laub wie einen aus tausend mal tausend Blättern geflochtenen Mantel davor, da waren die Lieder verborgen, verwahrt als etwas sehr Kostbares. Hier im Feld war es still.

Nun gibt es ja hier auch Vögel. Die Waldvögel — Pirol, Specht, Fink, Häher, Laubsänger, Kuckuck — bleiben ja nicht immer im Wald, sie fliegen auch übers Feld. Aber jetzt saßen sie alle im Wald, in ihren Bäumen und auf ihren Sträuchern. Und die Feldvögel — Wachtel und Lerche —, die gewiß hier draußen waren, verhielten sich still.

Denn es war sehr heiß hier draußen, nach der Kühle im Wald.

Wir kamen auf der Straße gefahren, die ein Stück durch den Wald geführt hatte. Ein schöner Wald mit sehr hohen Bäumen. Und die Bäume so dicht beieinander, daß sie sich noch eben breit genug entfalten konnten und den Sträuchern auch ein bißchen Platz dazwischen blieb.

Da lag die Straße ganz im Schatten der Bäume. Man fuhr dahin wie in einer tiefen Schlucht.

Und die Vögel hatten gesungen.

Wir lagen auf dem hochbeladenen Heuwagen, neben dem entrindeten, glatten Baumstamm, dem Wiesbaum, der, an beiden Wagenenden mit Stricken festgezogen, das Fuder zusammenhielt. Lagen rechts und links neben dem Baum, eingesunken in das abgehauene und schnell getrocknete Heu, das nach den Wiesenkräutern und Blumen roch und nach dem strengen, scharfblättrigen Gras.

Da hatte der Kuckuck zu rufen begonnen, in der Ferne, aber doch deutlich und ganz gleichmäßig, und war schon weit voraus, ehe wir darauf kamen, die Rufe mitzuzählen. So fingen wir einfach mit siebzehn an und weiter: achtzehn, neunzehn, zwanzig, einundzwanzig.

Das ging fort bis siebenundsechzig. Worauf sollten wir siebenundsechzig Jahre warten? Man sagt das so. Vielleicht, bis wir erwachsen waren? Der Großvater, der vorn saß und die Pferde lenkte, hatte gelacht und auf seine Hosentasche geschlagen, obwohl da sicher gar kein Portemonnaie drin war. Aber das ist auch solch ein Brauch: da wird das Geld nicht alle.

Und rechts und links im Wald hatten die anderen Vögel gesungen. Viid-viid-viid-vava-vüdivüdi-veudsisi, der Laubsänger und: Kchräik-kr-kr und: Kjie-jau, der Häher. Und wie sang der Pirol?

Da hörten wir aufmerksam zu. Das war schon sein Abschiedslied. Jetzt würde er bald fortziehn, dieser Pfingst- und Kirschvogel, Schulz von Bülow und Bieresel. So heißt er in den verschiedenen Gegenden. Aber jetzt führte die Straße durch freies Feld, an Haferfeldern und hohem Roggen vorbei. Die Pferde gingen langsam, der Wallach Damlack prustete einmal und schlackerte mit den Ohren, ein bißchen hörte man die Wagenräder gehn, sonst alles still.

Das letzte Fuder. Jetzt war die Wiese, wo wir das Heu zusammengeharkt und aufgeladen hatten, jetzt war die Wiese leer. Jetzt ging es zurück ins Dorf, Kaffee gab es dann schon zu Hause.

Aber es war noch immer heiß über den Feldern. Und so still, daß man die Stille hörte: als ein leises, ununterbrochenes Summen. Aber eigentlich doch unhörbar.

Auch wenn man gar nichts mehr hört, man hört noch immer etwas. Nur: wie es sich anhört, kann man nicht sagen. Nur hören.

Ich hielt ein Zittergras vors Gesicht. Unten gingen die Räder.

Und jetzt war da eine Stimme, eine sehr hübsche und anmutige, gar nicht sehr leise Stimme. Aber doch so, wie aus dem Summen der Stille hervorgewachsen, wie aufgetaucht, wie ein Seehundskopf aus dem Wasser, man wundert sich nicht, daß er plötzlich da ist, unversehens. Weil er ganz zum Wasser gehört. Wie der Wachtelruf zur Stille und zu dem warmen Nachmittag Ende Juni.

Pück Perück oder: Bück den Rück, so hört es sich an, aus dem Kornfeld herüber. Ein kurzer Ruf, der sich wiederholt.

Flieg ich fort, so kann er auch heißen. Aber zum Glück, die Wachtel geht erst im Herbst auf die Reise, wir brauchen ihr nicht zu sagen: Bleib noch hier.

So könnte ihr Ruf übrigens auch lauten.

Aber vielleicht trifft noch besser: Schönen Dank. Und am besten: Lobet Gott. Ihr Tisch ist gedeckt, wie der unsere. Sie lebt im Getreide. Sie hat gelbe Striche über den Augen, und wenn sie wegläuft, geht es sehr schnell: sie schlägt mit ihren langen, spitzen Flügeln, als ob sie ruderte, und die Kleinen wie dicke, runde Federbällchen fix hinter ihr drein, immer eins hinter dem andern, in der schmalen Straße zwischen den Halmen, die die Mutter mit weit vorgestrecktem Kopf gebahnt hat und mit fleißigen Füßen eingetreten und mit ihrem ganzen Gewicht verbreitert. Alles im Lauf.

Aber lauf jetzt nicht fort, es kommt niemand. Sing noch ein Weilchen, Wachtel, sing: Lobet Gott.

MARIE LUISE KASCHNITZ

Marie Luise von Holzing was born in 1901 in Karlsruhe and married the archaeologist Guido Kaschnitz von Weinberg. From 1941 onwards the home of Marie Luise Kaschnitz has been at Frankfurt am Main, though she has lived for considerable periods in Italy. *Überallnie* (1965) is a selection of her lyrical poetry from the years 1928–65; it indicates the developments and changes in her approach to poetry and reveals her response to experiences of life in Germany and elsewhere over the course of this period. Karl Krolow's postscript to this volume emphasizes qualities of 'Würde', 'Schlichtheit' and 'Noblesse' in her poetry, and mentions the authoress' reference to the 'harder inner truth' of her later work.

Impressions of Italy, and of much else besides, are contained in the volume *Engelsbrücke. Römische Betrachtungen* (1955). *Das Haus der Kindheit* (1956), while not being directly autobiographical, shows in a framework of fantasy the re-emergence of sensory and emotional impressions from early years. An intimate evocation of the moods associated with the overcoming of great grief in middle life is given in *Wohin denn ich* (1963); here too, as in the tale 'Eines Mittags, Mitte Juni', the narrator describes aspects of her relationship with her daughter. She explains how, in a public lecture she had prepared, she wished 'to disclose to her listeners a world which, while more meagre and uglier than that of previous centuries, for all that merited their consent'.

'Eines Mittags, Mitte Juni' is taken from Marie Luise Kaschnitz's first volume of short stories, *Lange Schatten* (1960). In discussing this collection (Horst Bienek, *Werkstattgespräche mit Schriftstellern*, 1962) she said that her characters

...stehen alle unter der Einwirkung rationalistisch nicht zu erklärender Mächte, gegen die sie ankämpfen oder denen sie sich beugen oder an denen sie zugrunde gehen.

A further collection of short stories, *Ferngespräche* (1966), makes use of a wide variety of realistic settings, often linked with motifs from the supernatural. The ten radio-plays published in the volume *Hörspiele* (1962) treat material ranging from the classical to the contemporary, with a blending of poetic and colloquial styles. *Beschreibung eines Dorfes* (1966) is a contemplative evocation of an area close to Freiburg im Breisgau.

Note. Following the original text of 'Eines Mittags, Mitte Juni', inverted commas are not used to indicate speech.

EINES MITTAGS, MITTE JUNI

Ich kam von der Reise und wußte von nichts. Ich fuhr von der Bahn direkt nach Hause und klingelte bei der Dame, bei der ich meine Schlüssel gelassen hatte. Sie begrüßte mich freundlich und machte ein vielsagendes Gesicht. Wissen Sie auch, daß Sie gestorben sind? fragte sie. Obwohl ich nicht am Leben hänge, haben mich diese Worte unangenehm berührt. Gestorben? fragte ich, wieso? Ja, sagte meine Nachbarin — Frau Teichmann heißt sie —, aber Sie dürfen es sich nicht zu Herzen nehmen, wer totgesagt wird, lebt lange. Ich lächelte etwas gezwungen und nahm die Schlüssel, die sie in ihrer Schreibtischschublade verwahrt hatte. Wer hat mich totgesagt? fragte ich. Eine Fremde, sagte Frau Teichmann, niemand hat sie gekannt, sie ist ins Haus gekommen, hat an allen Türen geläutet und überall gesagt, Sie seien tot. Sie hat eine dunkelbraune Haut gehabt und ein mageres Gesicht. Eine Ausländerin war es, ganz gewiß.

Eine Italienerin? fragte ich.

Aber das wußte Frau Teichmann nicht. Sie meinte, die Fremde habe eine Zeitschrift in der Hand gehabt, vielleicht habe sie in andern Häusern diese Zeitschrift zum Abonnieren angeboten, aber an den Titel der Zeitschrift erinnere sie sich nicht. Es kommen so viele, sagte sie, auch junge Männer, gestern hat einer vor der

17

Tür gestanden und nichts gesagt als: Christus ist da. Und dann berichtete sie noch, daß die Fremde nach meinen Wohnungsschlüsseln gefragt und gefordert habe, ihr diese auszuhändigen, und zwar sofort.

Das ist eine Unverschämtheit, sagte ich empört. Ich bedankte mich, ging in meine Wohnung hinüber, packte aus und sah den Stoß Drucksachen durch, die mir nicht nachgeschickt worden waren. Ich versuchte, nicht mehr an den sonderbaren Vorfall zu denken, aber das gelang mir nicht. Man hat beim Heimkommen ohnehin leicht ein Gefühl der Verlorenheit, besonders, wenn man nicht gewohnt ist, allein zu sein. Die Dinge begrüßen einen anders als die Menschen; was sie von einem fordern, ist bestenfalls Abstauben, dafür aber überschütten sie einen sofort mit Erinnerungen aller Art. Man geht umher und tut dieses und jenes, es war ja nicht immer so still hier, und dann setzt man sich hin und macht die Augen zu, weil man überhaupt nirgends mehr hinsehen kann, ohne daß es schmerzt. Ich setzte mich also hin und machte die Augen zu, und gleich fiel mir die Fremde wieder ein, und daß es doch gut wäre, mehr von ihr zu wissen, jede kleinste Einzelheit, ganz genau.

Es war jetzt fünf Uhr, und eigentlich hätte ich mir gern einen Tee gemacht. Ich ging aber zu der Dame unter mir, der Frau Hoesslin, und dann ging ich auch noch zu der Familie, die über mir wohnt. Ich erfuhr einiges, aber nicht sehr viel, und als ich wieder in meinem Zimmer war, versuchte ich mir vorzustellen, wie es gewesen war an jenem Mittag Mitte Juni, das war jetzt zwei Monate her. Mittag und Mitte Juni und heiß, die Frauen alle auf der Treppe, herausgerufen von der lauten, fremdländischen Stimme und Herr Frohwein, der Vertreter ist, gerade im Begriff wegzufahren und irgendwo auf einem Treppenabsatz die Betrügerin, die sehr sicher auftritt und sich beinahe herausfordernd benimmt. Sie können es mir glauben, sagte sie, diese Frau Kaschnitz lebt nicht mehr, sie ist gestorben, so wahr ich hier stehe. Die Frauen schüttelten die Köpfe, und Herr Frohwein nimmt unwillkürlich den Hut ab. Alle sind betroffen, aber nicht ganz überzeugt. Da wir schon lange in diesem großen Miethause leben, kennen mich alle Einwohner recht gut. Es sind sogar einige darunter, mit denen wir schon ganze Nächte im Keller gesessen und uns auf den Boden geworfen haben, wenn in der Nähe die Bomben fielen. Frau Hoesslin hatte mir die Post nachgeschickt, und ich hatte mich dafür von Zeit zu Zeit mit Ansichten der römischen Brunnen oder der Küste am Cap der Circe bedankt. Eine solche Postkarte, eben vom Cap der Circe, war vor wenigen Tagen eingetroffen. Ich hatte geschrieben, daß es mir gut gehe, und meine Tochter hatte einen Gruß hinzugefügt. Mein Tod war also unwahrscheinlich, aber unmöglich war er natürlich nicht. Es gibt den Sturm und den Sog und die Haifische, es gibt Unfälle und Herzschläge, und wie viele Leute gehen freiwillig aus der Welt. Grund genug also, bedenklich den Kopf zu schütteln, aber nicht Grund genug, den Schlüssel herzugeben und das einer wildfremden Frau.

So wahr Sie hier stehen, sagt Frau Teichmann, das klingt schön und gut, aber wer steht da? Wir kennen Sie nicht, wir haben Sie nie gesehen.

Mein Name tut nichts zur Sache, sagt die Frau hastig, ich bin ermächtigt, das genügt.

Und warum gerade Sie, fängt Frau Teichmann wieder an.

Weil, sagt die Fremde, und wirft das Haar zurück, die Frau Kaschnitz ganz allein gestanden ist, weil sie niemanden gehabt hat auf der Welt. Und nun werden die Frauen lebendig und fangen alle auf einmal zu reden an. Niemanden gehabt, das ist eine Unwahrheit, das ist lächerlich. Besuch ist gekommen, fast jeden Tag, Freunde und Verwandte, und wie oft hat das Telefon geklingelt, und der Briefkasten war immer voll bis obenhin. Das alles sagen sie mit großer Entschiedenheit, und es ist zum Verwundern, daß die Fremde sich noch immer nicht einschüchtern läßt. Ganz hoch aufgerichtet steht sie auf der Treppe und ruft laut, das stimmt nicht, ich weiß es besser, sie hat niemanden mehr gehabt, sie war ganz allein auf der Welt.

So weit war ich nun mit meiner Wiederherstellung der Szene,

die Geschichte war noch nicht ganz zu Ende, aber bei dem letzten
Satz blieb ich hängen, er ging mir im Kopf herum, und um ihn
loszuwerden, lief ich durch die Wohnung und steckte bald im
Westzimmer, bald im Ostzimmer den Kopf zum Fenster heraus.
Auf der Straße ging ein Polizist mit einem kleinen Mädchen an
der Hand, in solchen Fällen dachte ich, muß man die Polizei benachrichtigen, und eigentlich ist es gar nicht zu begreifen, daß das
nicht sofort geschehen ist. Oder ist es geschehen? Nein, es ist nicht
geschehen, der Herr Teichmann hat nur zu seiner Frau ganz leise
etwas von der Polizei geredet, und daraufhin, oder gar nicht daraufhin, hat die Fremde ihre Zeitschrift in eine Mappe gesteckt und
hat sich, aber keineswegs fluchtartig, entfernt. Ganz langsam, wie
eine beleidigte Königin, ist sie die Treppe hinuntergegangen und
hat niemanden mehr gegrüßt.

Ich muß die Frau suchen, dachte ich, wer Zeitschriften verkauft,
ist auf der Straße oder in den Hauseingängen, und warum soll sie
nicht wieder in unserer Gegend sein? Ich zog also meine Hand-
schuhe an, eine Jacke brauchte ich nicht, es war immer noch heiß
draußen, ein Sommer ohne Ende. Ich ging auf die Straße hinunter
und wartete in verschiedenen Hauseingängen und vor den Türen,
und dann tat ich dasselbe in den Nebenstraßen und fragte auch in
den Geschäften, die noch geöffnet hatten, nach der fremden Frau.
Aber niemand hatte sie gesehen, auch früher nicht, und von Hau-
sieren war nur noch ein Scherenschleifer unterwegs und einer mit
einem Apfelkarren, den er aber schon mit der Plane bedeckt nach
Hause fuhr. Es wurde nun auch bald dunkel, die Tage waren schon
kürzer, die Nächte länger, worüber auch die heißeste Sonne nicht
hinwegtäuschen kann. Ehe ich heimging, machte ich mich noch
auf den Weg zum Polizeirevier, aber das war inzwischen verlegt
worden, und ich war plötzlich sehr müde und hatte keine Lust
mehr, weiterzugehen. Ich stellte mir auch vor, was für Ungelegen-
heiten die Polizei den Leuten in meinem Haus bereiten konnte,
wahrscheinlich würde man ihnen sogar Vorwürfe machen. Sie
würden verhört werden und sich in Widersprüche verwickeln.

Hatte die Frau einen Hut aufgehabt, ja, nein, natürlich nicht, oder doch, vielleicht, und am Ende würden sie selbst wie Verbrecher dastehen, während sie doch ganz vernünftig gehandelt und den Schlüssel nicht hergegeben hatten. Daß sie nichts mit der Polizei zu tun haben wollten, geht ja auch schon daraus hervor, daß sie sie nicht damals schon angerufen hatten; so eine unheimliche Person war das gewesen, die kann ja auch wiederkommen und sich rächen, etwa ein Bündel Werg an die Kellertreppe legen und es anzünden, was ein Kinderspiel wäre, da leider unsere Haustür immer offensteht.

Ich ging also nicht aufs Revier, sondern nach Hause, und zu Hause kam mir dann ein Gedanke, und ich nahm mein Notizbuch vor, das eigentlich ein Kalender, aber einer mit viel Platz zum Schreiben neben jedem Datum ist. Es war mir plötzlich außerordentlich wichtig zu wissen, was mir geschehen war an diesem Tag Mitte Juni, aber warum mir das so wichtig war, wußte ich nicht.

Freitag, der dreizehnte, Sonnabend, der vierzehnte, Sonntag, der fünfzehnte Juni. Das Datum des Tages, an dem die Fremde ins Haus gekommen war, stand nicht fest. Es war wirklich zuviel verlangt von meinen Mitbewohnern, daß sie sich auch daran noch erinnern sollten. Eines Mittags, Mitte Juni, das hatten sie alle gesagt, und da fiel der Freitag weg, weil die Frau Hoesslin da im Taunus war, und der Samstag, weil am Samstag der Herr Frohwein nicht wegfuhr, und am Sonntag werden keine Zeitschriften verkauft. Am Montag hatte die Dame über mir ihre Putzfrau, und die wäre gewiß aus lauter Neugierde mit auf der Treppe gewesen. Es kam also nur der siebzehnte und der achtzehnte Juni in Betracht. Und unter dem siebzehnten und achtzehnten suchte ich nun in meinem Kalender nach. Ich tat das nicht etwa im Stehen über meine halb ausgepackten Koffer gebeugt. Ich setzte mich vielmehr an meinem Schreibtisch, nachdem ich die Vorhänge zugezogen hatte, und zündete die Stehlampe an, alles ganz feierlich, als sollte ich weiß Gott was für eine Entdeckung machen. Da war aber am achtzehnten gar nichts aufgezeichnet, und am siebzehnten sehr wenig, nämlich nur die Worte Trinken, Ertrinken, Orfeo, und die verstand ich nicht.

Ich habe mir oft überlegt, warum man gewisse Dinge nur ver- schlüsselt oder verschleiert niederzuschreiben wagt. Dinge, die man später vielleicht schonungslos preisgibt, die aber in diesem Augenblick noch nicht verwandelt, noch gefährlich sind. Daran dachte ich auch jetzt, gefährlich, Gefahr, Gefahrenfahne, kleines, rotes Stück Tuch, das flattert an einer Bambusstange über dem Strand. Sturm, Sog, Gefahr, geht nicht ins Wasser. Aber so war es doch gar nicht gewesen an jenem Mittag, Mitte Juni, plötzlich wußte ich es ganz genau. Tiefblauer Himmel, das Meer der be- kannte Spiegel, in winzigen, kaum hörbaren Uferwellchen aus- laufend, sengende Sonne, der Sand glühend heiß. Panische Stunde und Furchtbarkeit des Südens, und ich hinausschwimmend, zu- fällig ganz allein. Auf dem weißen Sand unter dem Sonnenschirm meine schwarzen Kleider, schwarze Strümpfe, schwarze Schuhe. Costanza und ihre Freundin und der Mago und der Ingenieur sind etwas trinken gegangen, die Bar steht ein paar Stufen höher, mit dem Rücken zum Wasser, der Musikkasten neben der Tanzfläche brüllt und schluchzt und schweigt. Die englischen Kinder werden zum Essen gerufen, wer sonst noch da ist, blinzelt in die Sonne und rührt sich nicht. Das Wasser ist an dieser Küste sehr flach, bis ich endlich richtig schwimmen kann, bin ich schon weit fort vom Ufer, unterscheide die Gesichter, die Gestalten nicht mehr. Ich lege mich auf den Rücken, das dicke Salzwasser trägt mich, ich brauche kein Glied zu rühren, verschränke die Arme unter dem Kopf. Die Häuser sind ganz klein, darüber steigt der Wald auf, noch darüber die Felsen, das Haupt der Circe, im Schmerz zurück- gebogen und versteint. Armselige Zauberin, denke ich, Nichts- könnerin, du hast den Odysseus nicht halten können mit all deinen Künsten, wer fort will, geht fort, auch wenn man ihm ewige Liebe verspricht, wer wandern muß, wandert, und wer sterben muß, stirbt. Dann denke ich nichts mehr, schwimme weiter, halte die Augen unter Wasser offen, sehe tief, tief unter mir das Wellenmuster im feinen Sand. Den Kopf herauszustrecken ist furchtbar, eine Einsamkeit sondergleichen, man sollte zurückschwimmen, sich anziehen, zum Essen gehen. Aber warum eigentlich, es ist doch alles verloren, du hast dich nicht halten lassen, Odysseus, fort, dein Schicksal erfüllen, fort nach Ithaka, und Ithaka ist der Tod. Ich bin keine Zauberin, nicht unsterblich, ich brauche nicht zu versteinen und gegen den Himmel zu stehen, ein schauriges Monument. Ich kann trinken, ertrinken, hinuntersinken in die Tiefe, hinaufsteigen in die Höhe, oben und unten sind dasselbe, oben und unten sind die seligen Geister, oben und unten bist du. Ein Unglücksfall, ein Herzschlag, niemand braucht sich Vorwürfe zu machen. Trinken, ertrinken, und das Wasser schäumt schon und braust schon, grauweiß, grünweiße Wirbel und drückt auf die Brust. Noch ein wenig tiefer, es drückt mir die Brust ab, es schnürt mir die Kehle zu, aber wo kommt der Ton her, der Flötenton, Costanza nimmt ihre Flöte nicht mit zum Baden, der Sand würde sie verderben, und man würde sie auch gar nicht spielen hören, so weit vom Strand. Aber ich höre sie doch, eine Flötenstimme, die so gar nichts hat von Rokoko und Schäferpoesie, die einen ganz neuen Ton hat, einen starken und wilden Ton. Und keineswegs, so viel man auch denken kann in Sekunden, keineswegs denke ich jetzt, Costanza ist da, das Leben ist nicht sinnlos, ich bin nicht allein auf der Welt. Denn das weiß ich wohl, Kinder sind Kinder und gehen in ihre Zukunft, man kann sich an ihnen freuen und an ihnen ärgern und um sie zittern, aber helfen können sie einem nicht. Aber es ist doch diese geheimnisvolle Flötenstimme, dieser Ruf des Lebens, der mich übers Wasser reißt und über dem Wasser hält, keuchend, hustend, spuckend, auf dem Rücken liegend und ausruhend und nun schon die ersten Armbewegungen dem Ufer zu. Am Ufer steht dann tatsächlich Costanza mit dem Badetuch in der Hand und sagt zornig, was schwimmst du so weit hinaus, weißt du nicht, daß es Haifische gibt? Wir packen zusammen, und ich sage, vergiß deine Flöte nicht, und sie sieht mich verständnislos an. Das war um zwölf Uhr zwanzig, da hatte daheim die fremde Frau unser Haus schon verlassen, warum eigentlich, doch nicht aus Furcht vor der Polizei?

Das mußte ich noch wissen und stand vom Schreibtisch auf, mit blinden Augen und steifen Beinen, und ging hinaus und klingelte bei der Nachbarin, die schon zu Bett gegangen war und mir nur das Fensterchen aufmachte, das in der Wohnungstür ist.

Entschuldigen Sie, fragte ich durch das Fensterchen, ich habe nicht recht verstanden, warum die Frau, die mich totgesagt hat, schließlich fortgegangen ist, und ich wüßte es gern.

Denken Sie immer noch daran, sagte meine Nachbarin, ich habe Ihnen doch gesagt, wer totgesagt wird, lebt lange.

Ich wüßte es aber doch gern, sagte ich.

Habe ich das nicht erzählt, sagte Frau Hoesslin freundlich. Jemand hat von Ihrer Tochter gesprochen. Da hat sie es aufgegeben und ist fort.

Frau Hoesslin fror und gähnte, es war jetzt beinahe elf Uhr.

Haben Sie es auf der Polizei gemeldet? fragte sie.

Aber das hatte ich nicht getan, und ich würde es auch nicht mehr tun.

MARTIN WALSER

Martin Walser was born in 1927 in Wasserburg am Bodensee; his home is Friedrichshafen. The story 'Die Rückkehr eines Sammlers' is taken from the collection of short stories *Ein Flugzeug über dem Haus* (1955); a second volume of short stories appeared in 1964 (*Lügengeschichten*).

The author's first novel *Ehen in Philippsburg* (1957) presents problems arising from the personal relationships among a group of professional and business people in a modern West German urban community. The novel *Halbzeit* (1960) gives a detailed picture of business and family life, largely from the point of view of Anselm Kristlein, sales representative and subsequently writer of advertising material. Martin Walser has said of his aims in *Halbzeit*: 'Ich wollte nichts als *genau* sein. Genauigkeit war mein wichtigstes Leitwort.' *Das Einhorn* (1966) contains further adventures of Anselm, who has moved to Munich and become an imaginative writer, with an ebulliently experimental style at his disposal.

Martin Walser's *Der Abstecher* (1961) is a play centring upon personal emotions, in comedy form. *Eiche und Angora* (1962) uses the medium of comedy to direct attention to German political issues of the recent past. Further dramas are *Überlebensgroß Herr Krott* (1964) and *Der schwarze Schwan* (1964). The latter play treats, in tragic terms, the tension between older and younger generations because of events that took place between 1933 and 1945. *Zimmerschlacht* (1967) is in the form of dialogues between a married couple. In the essays *Erfahrungen und Leseerfahrungen* (1965) the author includes an essay on problems facing a contemporary German dramatist, and in addition to literary essays gives his impressions on current German political issues.

DIE RÜCKKEHR EINES SAMMLERS

Alexander Bonus, der wegen eines Herzleidens schon früh pensioniert worden war, hatte als Junggeselle bis in die schlimmsten Kriegsjahre hinein in unserer Stadt gelebt und war dann fast gewaltsam aufs Land gebracht worden, in ein Weinbauerndorf, wo er seitdem eine winzige Dachkammer bewohnt hatte. Mit einer von ihm selber hergestellten violett schimmernden Tinte hatte er einige Jahre nach dem Krieg vielseitige Briefe an das städtische Wohnungsamt geschrieben und gebeten, man möge ihm jetzt endlich die Rückkehr in seine Vaterstadt ermöglichen. Die Herren des Wohnungsausschusses hatten ihn wieder und wieder mit vorgedruckten Schreiben auf eine baldige Besserung der Verhältnisse vertröstet. Alexander Bonus hatte jedesmal mit einem liebenswürdigen Brief geantwortet, hatte aber bei Wahrung aller möglichen Höflichkeit doch immer dringender gebeten, seine ihm eigene Sechs-Zimmer-Wohnung für ihn und vor allem für seine an verschiedenen Orten lagernde Sammlung freizumachen. Er habe die Jahre nach dem Krieg durchwartet, weil er gewußt habe, daß seine sechs Zimmer in der Stadt gebraucht würden, der ersten Not Herr zu werden; auch jetzt würde er es noch nicht wagen, im Ernst um die Einweisung in seine Räume zu bitten, wenn er nicht gerade von einer Reise zurückkäme, die ihn an die Orte geführt habe, an denen seine Federsammlung in ländlichen Kellern und Scheunen lagere. Aber wie! So eben, wie man in den Kriegsjahren mit einer für jene Zeiten ganz unwichtigen Sammlung von Vogelfedern verfahren sei. Das Holz seiner Vitrinen sei von Feuchtigkeit zermürbt oder von Hitze zerrissen worden, die Glaswände vom Schimmel befallen und blind, vom Zustand seiner kostbaren Federn aber habe er sich erst gar nicht überzeugen wollen, der sei schon dem flüchtigen Eindruck nach nur als katastrophal zu bezeichnen.

Alexander Bonus hatte sich auch an jene Stadträte gewandt, die seine Sammlung aus der Zeit vor dem Kriege kannten, er hatte sogar angedeutet, daß er, der allein stehe und den größten Teil seines Lebens hinter sich habe, seine Sammlung schließlich einmal der Städtischen Oberschule vermachen wolle, wozu er natürlich nur imstande sei, wenn man ihm helfe, die Sammlung vor dem endgültigen Zerfall zu retten.

Die älteren Stadträte mußten diese Briefe des Herrn Bonus gegen das Lächeln jener Kollegen verteidigen, die erst durch die Kriegsläufte und gewissermaßen zufällig in unsere Stadt geschwemmt worden waren. Diesen älteren Stadträten war es denn auch zu danken, daß die zwei Familien, die in Herrn Bonus' Wohnung untergebracht waren, zwei Zimmer räumen mußten und Bonus einen Brief von unserem Bürgermeister erhielt, in dem ihm mitgeteilt wurde, er könne wenigstens zwei Zimmer seiner früheren Wohnung wieder beziehen, was ihm, dem Junggesellen doch die Möglichkeit gebe, einen Teil seiner Sammlung wieder aufzustellen und zu pflegen. Und er dürfe hoffen, in nicht allzu ferner Zeit ein drittes, ein viertes und fünftes und schließlich auch einmal das sechste Zimmer wieder ganz für sich und seine Sammlung zu besitzen.

Vier Tage später hielt ein ländliches Fuhrwerk vor dem Haus, in dem Bonus seine Wohnung hatte, und er selbst kletterte hastig vom Schutzblech des Traktors, auf dem er während der Fahrt vom Land herein gesessen war; er ging auf die Haustür zu, den Schlüssel schon in der Hand, führte ihn zitternd aufs Schloß zu, aber die der Handbewegung vorauseilenden Augen bemerkten schon, daß es nicht mehr das alte Schloß war. Der Schlüssel entfiel ihm. Er klirrte nicht, weil von Bauarbeiten noch Sand auf dem Pflaster lag.

Dann läutete Bonus.

Ja, die zwei Zimmer waren schon geräumt. Die beiden Familien aber, die sich in die restlichen vier Zimmer teilten, beobachteten mißtrauisch jedes Stück, das er herauftragen ließ. Zuerst kam ein Tisch, dann ein Stuhl, ein Schrank, ein Bett und dann viele Vitrinen, deren Glaswände schmutzig waren, so blind von Schimmel, Staub und Spinngewebe, daß man nicht sehen konnte, was

sie enthielten. Die Kinder der beiden beobachtenden Familien ver-
suchten mit den Fingern, die sie mit der Zunge befeuchteten, an
den Gläsern herumzureiben, um wenigstens mit einem Auge reinsehen zu können. Ihre Eltern aber riefen sie zurück und erlaubten
ihnen nur von der Flurtür aus, wie sie's selbst taten, zuzuschauen.
Sie wußten noch nicht, was sie von diesem alten Mann mit dem
fleischigen Jünglingsgesicht und den milchweißen Haaren halten
sollten. Herr Bonus aber hatte sich sofort mit allen bekanntge-
macht, hatte sich zu jedem Kind extra hinabgebeugt — und die
zwei Familien hatten es immerhin zu sieben Kindern gebracht —,
und jetzt versprach er den Kindern sogar, er werde ihnen seine
ganze Sammlung zeigen, wenn er sie nur erst wieder ein bißchen
hergerichtet habe. Es sei ja leider nur ein kleiner Teil, fügte er
hinzu; dann sah er auf seine kleinen weißen Händchen hinab und
sagte mit dem mildesten Lächeln: Er lebe nur noch auf den Tag
hin — und dieser Tag werde kommen —, an dem er wieder Platz
genug haben werde, um seine ganze Sammlung hier aufzustellen.

Als Alexander Bonus dies sagte, sahen ihn die Eltern der sieben
Kinder finster an. Es war, als fürchteten sie sich plötzlich vor diesem zarten weißhäutigen Mann. Sie drehten sich um, zogen ihre
Kinder an Händen und Haaren von Bonus und seinen Glaskästen
weg und verschwanden hinter ihren Türen. Bonus sah ihnen nach,
und als er hörte, wie dort ein hastiges Getuschel anhob, das sich
oft bis zum lauten Stimmenstreit steigerte, und als er hörte, daß
es sein Name war, der diesen Streit speiste, da lehnte er sich gegen
eine mannshohe Vitrine, rieb den Kopf liebkosend an der Holzkante, lächelte und überlegte, ob er die Kormoranfedern nicht
doch mit den Federn des Tropikvogels zusammen in eine Vitrine
legen sollte, wenigstens solange er nur zwei Zimmer hatte. Lieber
sollten sich die Federn gegenseitig ein bißchen verdecken, als daß
er auch nur eine einzige Vitrine länger als unbedingt nötig in jenen
feuchten Dorfkellern wissen wollte. Wahrscheinlich würden sich
solche Zusammenlegungen fürs erste gar nicht vermeiden lassen,
da sicher einige Vitrinen bis zur Unbrauchbarkeit beschädigt

waren. Und die Kormoranfedern und die des Tropikvogels stellten in seiner Sammlung sowieso eine Ausnahme dar, waren sie doch die einzigen Federn, durch die die Schwimmvögel bei ihm vertreten waren, alle anderen Stücke seiner Sammlung stammten von den Familien der Eulen und Falken, also von Raubvögeln, und da insbesondere von Adlerarten. Um während der Jahre, die er, wie er es selbst nannte, in der Verbannung leben mußte, nicht ganz untätig zu sein, hatte er begonnen, seiner Sammlung eine Abteilung 'Hühner und Hühnervögel' anzugliedern. Da er aber im Grunde seines Herzens nur an Adlerfedern mit Leidenschaft interessiert war, hatte er diese neue Abteilung nur in der Hoffnung aufgebaut, sie später einmal als Tauschobjekt benützen und Adlerfedern dafür einhandeln zu können. Nicht einmal die stolzen weißen Federsträuße des Tropikvogels und die schlanken schwarzen Kormoranfedern hatten Aussicht, für immer in seiner Sammlung bleiben zu dürfen. Für eine einzige Harpyienfeder hätte er sie sofort hergegeben. Die Harpyien waren Bonus' liebste Vögel. Und wenn das Angebot an Harpyienfedern oder gar an Harpyienflaumen groß genug gewesen wäre, wer weiß, vielleicht hätte er seine ganze Sammlung allmählich für die Federn dieser besonderen Adlerart hergegeben. Um der Vielfalt seiner Sammlung willen konnte Bonus dafür dankbar sein, daß die Harpyien in den wasserreichen Urwäldern Süd- und Mittelamerikas nur sehr schwer zu erlegen waren.

In den ersten Tagen nach seiner Rückkehr war Herr Bonus für niemanden zu sprechen, niemand sah ihn. Die sieben Kinder, die die zeitweilige Abwesenheit ihrer Eltern gerne zu einem Besuch bei Bonus benutzt hätten, klopften umsonst an seine Tür. Bonus kämpfte gegen Schimmel, Staub und Spinngewebe.

Er entriß seine Vitrinen, die Glaswände, die Holzkanten und die Messingbeschläge der Fäulnis, dem schon dicht bevorstehenden endgültigen Zerfall. Dann machte er sich an die Federn. Starr, glanzlos und von einem alle Farbe tötenden Überzug befallen, lagen sie tot auf ihren Polstern; und Bonus dachte daran, wie sie ehedem in vielen Farben schimmernd vor ihm gelegen hatten, diese zarten, seidigen, biegsamen Wundergebilde. Bonus nahm jede Feder einzeln in die Hand und zupfte und blies Stäubchen für Stäubchen ab; eine ungeheure Arbeit. Aber er wollte auch nicht das kleinste Flaumhärchen verlieren. Dann mischte er sich jenes Fett zusammen, das ihn schon vor Jahrzehnten in den Kreisen, die sich mit Vogelpräparationen beschäftigten, berühmt gemacht hatte, jenes Fett, das er so zu mischen verstand, daß es fast dem Sekret gleichkam, das die Bürzeldrüse der Vögel zur Einfettung des Gefieders ausscheidet; mit diesem Fett bestrich er alle Federn seiner Sammlung, dann erst öffnete er die Tür und ließ die Kinder ein.

Aber Herr Bonus hatte keine Ruhe, die Kinder von Kasten zu Kasten zu führen und ihnen zu erklären, was er früher mit Leidenschaft getan hatte, wo alle diese Federn herstammten und wie die Vögel, die sie einst getragen hatten, beschaffen seien und lebten. Zu sehr war er beunruhigt worden durch den Zustand, in dem er seine Sammlung vorgefunden hatte. Vielleicht war er schon zu spät gekommen, vielleicht würden die Federn in Kürze zu Staub zerfallen, wer konnte das wissen! So sehr er sich freute, wieder mit seinen Federn umgehen zu können, die mächtigen schwarzbraunen Schwingenfedern des Kaiseradlers über seine weiche Gesichtshaut gleiten zu lassen, diese Federn, die einst den mächtigsten Vogel über die baumlosen Steppen der Mongolei getragen hatten, er konnte sich nicht darüber hinwegtäuschen, daß die Sammlung nur noch ein Schatten ihrer selbst war. Die Farben waren ermattet und die Federhärchen waren trotz aller Bemühung spröd geblieben. Und der größere Teil seiner Sammlung, das beunruhigte ihn am meisten, zerfiel von Stunde zu Stunde noch mehr in jenen ländlichen Kellern und Scheunen. Die beiden Zimmer, die man ihm zugewiesen hatte, konnten ja nicht einmal den Teil der Sammlung aufnehmen, den er mitgebracht hatte.

Er hatte das Bett noch nicht aufgeschlagen, der Stuhl stand auf dem Tisch und die Vitrinen waren zu Türmen übereinandergeschichtet, die bis zur Decke reichten; eine Anordnung, die bei dem Zustand, in dem sich das Holz befand, zu einer Katastrophe führen mußte, eine Anordnung auch, die es jedermann und ihm selbst unmöglich machte, in den Genuß der Sammlung zu kommen.

Er fragte die Kinder, die mit platten Nasen an den Scheiben klebten, ob in den Zimmern ihrer Eltern nicht noch ein bißchen Platz wäre, er würde gern seine schönsten Stücke zur Verfügung stellen; das sei doch ein Schmuck, so eine Vitrine mit Steinadlerfedern, oder vielleicht die mit den Federn des Schlangenbussards, bitte, sie könnten sich's raussuchen. Die Kinder schrien auf vor Freude und schleppten sofort drei, vier, fünf Vitrinen in ihre Zimmer. Abends kamen die Eltern, klopften schüchtern, traten ein, grüßten und entschuldigten sich bei Herrn Bonus für neulich, sie hätten eben Angst um ihre Zimmer gehabt, sie hätten ihn auch — das müßten sie gestehen — für einen mürrischen Sonderling gehalten, für einen launischen Greis, sie seien halt einfache Leute, aber die Glaskästen, sie verstünden zwar nichts davon, seien doch sicher sehr wertvoll und es ehre sie, daß Bonus ihnen so teure Stücke anvertraue. Ob er nicht rüberkommen wolle, zu sehen, wie sie die Vitrinen aufgestellt hätten. Das sei die einzige Bedingung, gab Bonus lächelnd zur Antwort, die er mit diesen Leihgaben verknüpfe, daß er dann und wann hinüberkommen dürfe, um sich an den Federn zu freuen. Das wurde ihm von allen freudig versprochen. Dann ließ sich Bonus hinüberführen. Zwischen Betten und Kommoden glänzten ihm die Glaswände entgegen. Es sei zwar ein bißchen eng, sagten die beiden Hausfrauen, aber einem so kostbaren Zimmerschmuck zuliebe schränke man sich gerne ein. Die beiden Männer bewegten ihre Köpfe so lange heftig nickend auf und ab, bis sie sahen, daß Bonus ihre Zustimmung bemerkt hatte. Wahrscheinlich hatten sie an ihren Arbeitsstellen und die beiden Hausfrauen bei ihren Nachbarinnen schon voller Stolz erzählt, daß sie jetzt über einen Wohnungsschmuck verfügten, wie ihn wohl keiner im Bekanntenkreis je gesehen habe.

Bonus lächelte. Er winkte seinen Vitrinen zu, als wären es Lebewesen, dann ging er in seine Zimmer zurück und schrieb einen
Brief. Ein paar Tage später ratterte ein Traktor vors Haus. Der
Wagen, den er zog, war über und über mit Vitrinen beladen, die
verstaubt und vom Schimmel befallen waren wie die ersten. Diesmal halfen die Kinder der beiden Familien bei der Säuberung.
Die Feinarbeit an den Federn aber besorgte Bonus selbst. Er mußte
allerdings, um die neuen Stücke auch nur notdürftig in seinen
Zimmern unterzubringen, seinen Tisch, den Stuhl, das Bett und
den Schrank auf den Flur stellen, so daß er gezwungen war, seine
Mahlzeiten fürderhin auf dem düsteren Flur einzunehmen und
nachts auch hier zu schlafen. Die Eltern der Kinder schüttelten den
Kopf, als sie ihn vor ihren Türen, denn es war ja auch ihr Flur,
im Bett liegen sahen. Sie sagten nichts, nur die Kinder kicherten
und öffneten immer wieder die Tür, um zu sehen, ob er schon
schlafe. Bonus lächelte. Und am nächsten Tag, als die Väter bei
der Arbeit und die Mütter beim Einkaufen waren, fragte er die
Kinder, ob sie nicht noch ein paar Vitrinen wollten, er habe genug.
Die Kinder waren sofort einverstanden und schleppten gleich
sieben Vitrinen in ihre Zimmer. Diesmal kamen die Eltern nicht,
um sich bei Bonus zu bedanken; im Gegenteil, abends hörte er,
wie die Väter die Mütter schimpften, mit unterdrückter Stimme
bloß, um nicht von Bonus gehört zu werden, und die Mütter
weinten und schlugen die Kinder, daß auch die zu weinen begannen. Aber als die Eltern am nächsten Tag außer Haus waren,
kamen die Kinder wieder, um sich Vitrinen zu holen, Bonus
lächelte mild und gab sie ihnen. Abends stand er dann wieder an
der handbreit geöffneten Tür und hörte dem Streit zu, der bei
beiden Familien aufbrach, noch heftiger als am Abend zuvor. Die
Kinder ließen sich schelten und schlagen und kamen am nächsten
Tag wieder zu Bonus und bettelten ihm ab, was er ihnen so gerne
gab. Die Mütter, die sich in ihren Zimmern jetzt wirklich nicht
mehr bewegen konnten, wollten ihre Kinder zwingen, alle Vitrinen zu Bonus zurückzutragen. Da verweigerten ihnen die den

Gehorsam. Sie krallten sich mit ihren kleinen Händchen an den Holzleisten fest, blieben allen Vorwürfen und Aufforderungen gegenüber taub und waren nicht einmal durch Schläge zu irgendeiner Bewegung zu bringen. Sobald sich aber die Mütter abwandten, legten sie sich mit ihren ganzen Körpern über die Vitrinen und sahen auf die unbegreiflichen Federn hinab und ließen sich von denen, die schon lesen konnten, immer wieder die auf weiße Schildchen geschriebenen Namen vorlesen und sprachen sie andächtig und im Chor nach. Da summte es dann durch die Wände dem lächelnd lauschenden Bonus ins Ohr: Phaeton aethereus, Aquila audax, Harpyia destructor...Als die Väter abends heimkehrten und ihre Kinder in all der Enge lateinisch vor sich hinsummend antrafen, wurden sie von großer Ratlosigkeit befallen. Endlich, als die Kinder schon in den Betten lagen, schlichen sie zu Bonus hinüber. Sie baten ihn, er möge die Vitrinen zurücknehmen, sie verstünden zu wenig davon, auch die Kinder verstünden nichts davon, sie würden nur verwirrt und in ihrer normalen Entwicklung vielleicht schädlich beeinflußt, da sie ja in wenigen Tagen alle anderen Interessen verloren hätten und wie süchtig und unverständliche Namen murmelnd über den Vitrinen hingen; das sei doch ein Zeichen für die Gefahren, die in diesen Kästen für so einfache Menschen, wie sie es nun einmal seien, schlummerten. Und dann die Platzfrage! Man könne jetzt wirklich nicht mehr atmen. Seit auch der letzte freie Quadratmeter den Vitrinen zum Opfer gefallen sei, vermöge man nicht mehr, zu den Fenstern durchzudringen, geschweige denn, daß man sie noch öffnen könne.

Bonus strich sich mit seiner kleinen Hand über sein weiches weißes Gesicht und lächelte. Warum die Eltern die Federn nicht so anschauen könnten, wie er und wie die Kinder es täten, fragte er dann. Die beiden Männer verstanden ihn nicht und sagten, sie würden, wenn er es erlaube, jetzt gleich beginnen, die Vitrinen auf den Flur herauszustellen, dann könne man weitersehen. Bonus zuckte mit den Schultern. Die beiden Männer drehten sich um,

gingen in ihre Zimmer und griffen nach den Vitrinen. Da zeigte
es sich aber, daß die Kinder wach in ihren Betten gelegen waren,
daß sie gewissermaßen nur darauf gewartet hatten, daß jemand
ihre Heiligtümer berühre. Schon hingen sie grell schreiend und
mit kralligen Fingern an den Vitrinen, und ihre Entschlossenheit,
die Glaskästen zu verteidigen, war so fürchterlich in ihre kleinen
Gesichter eingegraben, daß die Mütter ihren Gatten sofort in die
Arme fielen und sie baten, die Kleinen doch nicht bis zum Irrsinn
zu reizen. Die Männer ließen ab. Sie hatten keine gute Nacht.
Und sie hatten auch keinen guten Tag mehr.

Inzwischen war nämlich in der Stadt bekannt geworden, daß
Bonus zurückgekehrt war, und es begannen sich die verschieden-
sten Leute für den zarten Greis mit dem erschlafften Jünglingsgesicht zu interessieren. Die beiden ansässigen Zeitungen, sonst
immer gegensätzlicher Meinung, im Fall Alexander Bonus waren
sie sich einig. Die Schlagzeilen ihrer Lokalseiten lauteten: 'Keinen
Platz für Kultur?' und 'Zerfall der Werte!' Und in den Artikeln,
die zu diesen Schlagzeilen gehörten, wurde das Schicksal Alexander Bonus' geschildert: seine jahrelange Sammelarbeit vor dem
Krieg, die von ihm selbst aus den nicht gerade fürstlichen Pensions-
bezügen finanziert worden war, seine Absicht, diese Sammlung
dereinst der Städtischen Oberschule zu vererben, seine Eva-
kuierung, die rohe Auslagerung seiner Sammlung, das Verderben,
das ihr von Feuchtigkeit und Hitze drohte, Bonus' Initiative, seine
Rückkehr, seine aufopferungsvolle Arbeit, die Sammlung zu retten, sein liebenswürdiger und selbstloser Versuch, die Sammlung
vorerst in Leihgaben aufzuteilen, und dadurch unterzubringen, das
schnöde Unverständnis der Mitbürger, ihre brutale Handlungsweise gegen Bonus und ihre eigenen Kinder, die natürlich wieder
einmal mehr Verständnis für die echten Werte bewiesen hatten
als die Erwachsenen! Wenn ihr nicht werdet wie die Kinder...
so etwa endeten die Artikel, in denen schließlich noch die Stadt
aufgefordert wurde, diesem unwürdigen Zustand ein Ende zu
bereiten, Bonus sofort mit großzügigen Subventionen zu unter-

stützen und ihm wenigstens seine sechs Zimmer zur Verfügung zu stellen.

Als Bonus von diesen Umtrieben Kenntnis erhielt, — denn er war es nicht, der das alles veranlaßt hatte, das war wahrscheinlich gar kein Individuum, sondern so etwas wie das Kulturgewissen der ganzen Bürgerschaft, oder zumindest des Teiles der Bürgerschaft, der von sich behaupten durfte, dieses Kulturgewissen zu besitzen — da gab Bonus sofort zwei Telegramme auf. Er wußte, jetzt war die Zeit gekommen, die ganze Sammlung zurückzuholen. Wenn sie auch ihren Wert durch die mangelhafte Lagerung weitgehend eingebüßt hatte, er wollte jetzt nicht daran denken, er mußte zuerst einmal wieder alle alle Stücke, die vollständige Sammlung um sich haben.

Als Bonus die Telegramme aufgegeben hatte und in seine Wohnung zurückkehrte, begegnete er den beiden Frauen. Sie schlugen die Augen nieder und entwichen in ihre Zimmer. Sie schämen sich, dachte Bonus und lächelte. Sicher haben sie gelesen, was in den Zeitungen steht.

Abends begannen sie in aller Heimlichkeit, alle Vitrinen, die sie in der vergangenen Nacht auf den Flur geräumt hatten, wieder zurück in ihre Zimmer zu bringen. Ihren Kindern erlaubten sie, bei Bonus weitere Vitrinen zu holen. Und als dann die Fuhrwerke vor dem Haus hielten, die alle restlichen Stücke der Bonusschen Sammlung brachten — und das waren etwa doppelt so viel wie schon da waren — da scheuten die Eltern der sieben Kinder weder Staub noch Fäulnis, sie griffen selbst zu und ihre Kinder mit ihnen, und sie trugen so viele Vitrinen in ihre eigenen Zimmer, daß Bonus freundlich abwehren mußte. Nun zeigte es sich aber bald, daß sich die beiden Familien einfach zuviel zugemutet hatten. Tagelang kletterten sie mühsam und ohne zu klagen zwischen den zu hohen gefährlichen Türmen gestapelten Vitrinen herum, bis sogar die Kinder dem völligen Zusammenbruch nahe waren, dann beschlossen sie, um Herrn Bonus und das Gewissen der Öffentlichkeit nicht weiter zu beunruhigen, heimlich in der Nacht auszuziehen und sich irgendwo am Stadtrand in einer Notbaracke oder — wenn es nicht anders ging — sogar im Freien niederzulassen. Die Kinder wehrten sich nicht im mindesten, als sie tief in der Nacht geweckt wurden und der Auszug begann.

Alexander Bonus aber stand hinter seiner Tür und hörte draußen das behutsame Schlürfen vieler unbekleideter Füße.

Schließlich ging er zum Fenster, um dem kleinen Trupp der Eltern und Kinder nachzusehen, der, ein paar hochbeladene Handwagen mit sich schleppend, in der Dunkelheit verschwand.

Herr Bonus drehte sich um und lehnte sein schlaffes Jünglingsgesicht an eine mannshohe Vitrine, in der die Federn eines Seeadlers aufbewahrt waren, dann rieb er seine jetzt ganz farblosen, fleischigen Wangen wie zur Liebkosung an der Holzkante und öffnete die Vitrine, um eine mächtige schwarze Schwingenfeder herauszuholen, aber weil sie spröde war, zerbrach sie in seinen kleinen weißen Händen. Trotzdem begann Herr Bonus noch in dieser Nacht, seine vielen Vitrinen gleichmäßig auf die sechs Zimmer zu verteilen.

HERBERT EISENREICH

Born in Linz in 1925, Herbert Eisenreich studied at Vienna University and has subsequently made writing his first concern. Apart from interests in imaginative literature he has also written about model railways (*Große Welt auf kleinen Schienen*) and about motoring (*Ich im Auto*, 1966, is directed to 'average drivers'). The tale *Einladung, deutlich zu leben* (1951) takes place in the course of a railway journey. The novel *Auch in ihrer Sünde* (1953) derives its title from words of Father Zossima in Dostoievsky's *The Brothers Karamazov* which the author quotes: 'Bruder, liebt die Menschen auch in ihrer Sünde...' His radio-play *Wovon wir leben und woran wir sterben* (1957) shows the effects of the tensions of commercial life upon a marriage partnership. Two dialogues, *Sebastian, Die Ketzer* (1966), examine ethical problems involved in the reaction to persecution. The short stories in the two collections *Böse schöne Welt* (1957) and *Sozusagen Liebesgeschichten* (1965) are mostly placed in a contemporary Austrian or German setting, treating themes of personal relationship. The author discusses his approach to the short-story form in an epilogue to *Böse schöne Welt*; here he emphasizes the intimacy of the writer with his material as being a factor linking the short story with the lyrical poem, and sees the short-story writer as 'that prose writer who dares to come closest to his subject-matter'. Family and personal problems motivate the protagonist of the tale *Der Urgroßvater* (1964).

Herr Eisenreich is an admirer of the work of Heimito von Doderer (1896–1966), and has published a selection of the latter's writings with an introduction (*Wege und Umwege*, 1960). *Reaktionen* (1964) is a collection of essays on literature, a number of which demonstrate the author's particular interest in Austrian writing and in Austria's place in Europe since 1945. *Das kleine Stifterbuch* (1967) is an illustrated biography of Adalbert Stifter.

ERLEBNIS WIE BEI DOSTOJEWSKI

Sie stammte aus reicher Familie, hatte in eine eben so reiche hineingeheiratet, lebte nun mit Mann und Kindern eine halbe Autostunde außerhalb der Stadt, in einem zweigeschossigen Landhaus am See, lebte in dem generationenlang vererbten Rhythmus wahrer Wohlhabenheit dahin. Bildete Geist und Gemüt durch die tägliche Lektüre großer Autoren, derzeit der Russen vornehmlich, und ihren Körper durch mehrerlei Sport, wie ihn auszuüben der weitläufige Park hinterm Haus und der See davor genügend Raum boten; widmete sich mit Liebe der Erziehung ihrer Kinder, war ihres Mannes zärtlichste Freundin und treuste Beraterin, reg und agil; und war sie auch, von Natur und Umwelt, verwöhnt, so ließ sie doch nie jene stolze, des Maßes eingedenke Bescheidenheit vermissen, die den reichen Menschen von dem bloßen Geldbesitzer, mag dessen Konto vielleicht auch größer sein, ganz augenfällig unterscheidet. So nahm sie, wenn sie einmal die Woche, dies und jenes für ihren persönlichen Bedarf zu besorgen, in die Stadt fuhr, selten den Wagen, wiewohl ein eigener ihr zur Verfügung stand, auf Wunsch sogar mit Chauffeur, sondern sie setzte sich meist in den Zug, der, vielmals am Tage, eingleisig zwischen dem Ort, wo sie wohnten, und der Stadt hin- und herpendelte, Arbeiter, Beamte und höhere Schüler befördernd sowie jene, die, sei's um Ämter oder Geschäfte, sei's das Theater, ein Konzert oder bloß ein Tanzlokal aufzusuchen, vom Lande in die Stadt sich verfügten. Da, in dem Zuge, belegte sie freilich, wie es ihr zustand, die Polsterklasse.

So war sie auch diesmal mit dem Zug gefahren. Hatte vormittags im Stadtbüro Visite gemacht, ihres Mannes Direktiven überbracht, Einsicht genommen in die jüngste Korrespondenz, hatte bei Spitzer gespeist mit den beiden Herren, die angestellt waren, ihres Mannes weitverzweigte Geschäfte wahrzunehmen. Verabschiedete sich, bummelte quer durch die Innenstadt, versuchte vergeblich, ihre Freundin aus gemeinsamer Internatszeit anzurufen, eine (dem Urteil der Fachwelt folgend: mit Recht) sehr berühmte Sängerin an der Oper. Trat sodann ein bei ihrem Schneider mit dem Auftrag, ihr einen Wintermantel anzumessen, befühlte Tuche, knitterte sie zwischen den Fingern, ließ sich den und jenen Ballen ans Tageslicht heben, welches jetzt schon nur mehr sehr matt, wie hundertfach von der trägen, gesättigten Herbstluft gefiltert, durch die Scheiben der Auslage in das von Neonröhren zwielichtig erhellte Gelaß fiel. Besah sich, weiterbummelnd, mitgeschwemmt von den Flaneuren des späten Nachmittags, die Schaufenster in den Gassen zwischen Dom und Börse, bis es Zeit war zum Friseur; und als sie eine Stunde später, nach beendeter Prozedur, den Salon verließ, spürte sie die naßkalte Herbstluft vom Genick und den Schläfen her ihr unters gelichtete Haar kriechen. Erstand, ein paar Häuserblocks weiter, in einem der großen Geschäfte, wo Arbeiterfrauen elektrische Eisenbahnen und filmgetreue Indianerkostüme kaufen für ihre Brut, ein Flohspiel für die Kinder, rief später noch einmal und wieder vergeblich die Sängerin an, und landete schließlich, wie so oft auf diesen recht eigentlich ziellosen Gängen, bei dem alten Antiquar, einem feinnervigen Geschäftsmann mit Liebhabermanieren, der ihr Boudoir möbliert und auch sonst manch teure Kleinigkeit ihr ins Haus geliefert hatte; und dort entdeckte sie, bei kaum nötiger sanfter Nachhilfe des Antiquars, der ihren Geschmack ja zur Genüge kannte, eine japanische Teegarnitur von sehr feiner und zweifellos alter Machart, die ihrem Mann, der in Japan geboren und fast zwei Jahrzehnte lang, das von seiner Familie im Ostasienhandel erworbene Vermögen klug verwaltend und vermehrend, dort tätig gewesen war und jetzt, in Europa, als einer der vorzüglichsten Kenner jenes Weltteils galt, so daß nicht nur seiner Küche und seines Kellers wegen Minister, Bankiers und Gesandte gern bei ihm zu Mittag aßen, Konsuln und Industrielle zum Tee erschienen, Militärattachés ihn zu einem morgendlichen Rundflug übers Gebirge abholten, — sie entdeckte also diese Teegarnitur, die ihrem Manne, zumal er durch Kriegswirren vieler persönlicher

Erinnerungsstücke aus seiner japanischen Zeit verlustig gegangen war, herzlichst willkommen sein mußte; indessen, dies wägend, schwankte sie noch, des keineswegs alltäglichen Preises wegen. Achthundert Mark: das war viel Geld für jemanden, der mit Geld umzugehen gewohnt war. Und sie entschloß sich endlich wider den Kauf und sagte, sie würde sich's überlegen.

Sie trat hinaus auf die Straße, wo der Spätherbstabend feucht, als sei ein Nieselregen klebrig in der Luft hängengeblieben, zwischen die stumpf brütenden Häuser sich niedersenkte; ein kompakter Trauerflor schwebte von dem tiefen Himmel herab, ballte sich vor den zag erhellten Fenstern, wickelte sich um die Straßenlaternen. Der jähe Gegensatz von mannigfacher Formenhaftigkeit, eng gestauter bunter Vielfalt drinnen bei dem Antiquar und in Nebel sich auflösender grober Massen, verschwimmender Konturen hier heraußen auf der Straße, dieser Gegensatz ließ sie fröstelnd erschauern; ungewollt, die Schultern hoch an die Kinnladen hebend, verhielt sie den Schritt, stand still. Als habe sie sich, weil sie das Teeservice nicht doch erstanden hatte, selber in ein dürftigeres Milieu hinabversetzt, so kam es ihr vor. Und fühlte sich plötzlich elend, maßlos elend, und schalt sich kleinlich, knickerig, lieblos; und machte in ihren Gedanken schon kehrt, um wieder einzutreten bei dem Antiquar. Indes, wie festgeklebt stand sie, denn nun ihm schon ihre Sinnesänderung mitzuteilen, erschien ihr allzu peinlich; lieber würde sie ihm in einigen Tagen schreiben, ihm telephonieren, oder, am einfachsten, warten bis zu ihrem nächsten Besuch in der Stadt, in einer Woche. ('Also, ich habe mir's überlegt, ich nehm' es...') Aber das Elend, so recht ein Nichts, das mittlerweile ihren Leib höhlte, in ihrem ganzen Wesen sich als eine Leere breitgemacht hatte, so daß sie vermeinte, alles in ihr stürze nach innen, in sich zusammen, dieses Elendsloch ließ sich schon nicht mehr füllen mit Argumenten, mit Überlegungen, mit gedanklich planender Wiedergutmachung; und jetzt schon mehr als unschlüssig: tief ratlos, so stand sie, das mumifizierte Unbehagen, vor dem Portal des Ladens, das der Besitzer hinter ihr, eine letzte gemessene Verbeugung in die folgende Kehrtwendung hinüberziehend und ins versteifte Rückgrat zurücknehmend, wieder hatte ins Schloß gezogen, wobei der kleine Knackslaut des schnappenden Schlosses abrupt das leis-weihnachtlich gefärbte Klingelspiel, welches beim Schließen wie beim Öffnen der Türe als wie aus einer Spieldose ertönte, ihr aus dem Gehör getilgt hatte. Festgebannt stand sie da, von ihrer Seele her gelähmt und unfähig, ihre Schritte nun, am offenbaren Ende ihres Stadtbesuchs, zum Bahnhof zu lenken, nach Hause zu fahren: als müsse sie sich schämen und müsse befürchten, daß man zu Hause ihre Beschämung entdecken, ihr blamables Verhalten ihr aus den Augen würde lesen können gleichwie aus der Schlagzeile einer Abendzeitung. Aber noch einmal einzutreten in den Laden: auch dazu fehlte ihr jede Kraft. So stand sie willenlos, ganz und gar erfüllt — als sei dies eine unaufhebbare Schwerkraft — von dem Gefühl, daß, was auch immer sie nun täte, unrichtig sein würde, peinlich und beschämend für sie, unwürdig ihrer, wie auch immer sie's drehen mochte.

In diesem Augenblick hörte sie neben sich, so nahe, als spräch' es in ihrem Ohr, eine wispernde Stimme, ein Hauchen fast nur: 'Bitte, würden Sie mir etwas Geld geben — nur für ein bißchen Brot?!' Sie wandte, in erlöster Leichtigkeit, den Kopf, und blickte in ein junges Frauenantlitz, schmal gerahmt von einem dunkelblauen Kopftuch; und sie merkte, daß es regnete, daß es minutenlang schon geregnet haben mußte: einige Locken unter dem Kopftuch des Mädchens waren hervorgequollen und hingen wie angeklebt in die weiße Stirne herein, und diese Locken glänzten schwarz vor Nässe, und kleine Wasserperlen saßen auf den Härchen des wollenen Kopftuchs, und andere saßen auf den Brauen des Mädchens, und wieder andere unter den Augen auf den flaumbewachsenen Wangen, so daß es aussah, als seien Tränen darüber hingeronnen. Und sie spürte die Nässe im eigenen Gesicht. Sie blickte das Mädchen an, hatte den von dem Mädchen leise und hastig gesprochenen Satz noch, als wie darin rotierend, im Ohr,

und dachte, daß sie seit Mittag nichts gegessen hatte und daß es
der Hunger sei, der ein Loch in sie gegraben habe, in das sie zu
stürzen gewähnt, der Hunger und weiter nichts! Doch ehe dieser
Gedanke, gedacht zwar, doch noch keineswegs auf seine Richtigkeit hin erlebt, zu voller Erlebbarkeit sich hätte erheben, sich hätte
auswachsen können, legten sich andre Gedanken darüber, jenen
ersten begrabend; sie dachte: 'Das, ja das ist die Chance! Ist die
Chance, auf einem Umwege wettzumachen, was sie eben, im
Laden des Antiquars, eingebüßt hatte; und zu gleicher Zeit die
Chance, nicht sofort, bei noch nicht völlig beseitigter Beschämung, nach Hause fahren zu müssen!' Und dachte in einem: 'Und
was für ein Erlebnis! Handgreiflich nicht nur vor sich zu haben,
sondern selber zu tun, mit hineingeraten, hineingerissen zu sein in
etwas, das sie nie noch erlebt, sondern bisher nur gelesen hatte, in
ein Erlebnis wie bei Dostojewski.' Und drüberhin huschte schat-
tengleich noch der Gedanke, wie begeistert ihre Freundin, die
Sängerin, sein würde, wenn sie es ihr erst erzählte! Und sagte zu
dem Mädchen: 'Ach, wissen Sie was, kommen Sie mit mir zum
Essen, ich lade Sie ein, in irgendein nettes Restaurant!' Und sie
dachte: 'Nein, nicht zu Spitzer, das ist zu fein, sie könnte sich genieren, vermutlich trägt sie nichts weiter als ein billiges Fähnchen
unter diesem Rest von einem Mantel, und auch nicht ins Regina,
am besten ins Bahnhofsrestaurant, da ißt man gut und nicht zu
teuer, und ohne irgendwie aufzufallen!'

Das Mädchen hauchte: 'Um Gottes willen nein!' Starrte, als
habe man ihr den scheußlichsten Antrag gemacht, der fremden
Dame ins Gesicht, die anzusprechen sie gewagt hatte, dieser großen schönen Frau mit der Stimme, dem selbstverständlichen Ton-
fall einer Schwester; welche eben schon ein Taxi herbeidirigiert
und das Mädchen mit mildem Druck auf den Oberarm darauf
zugelenkt hatte, sie nun hineinbugsierte, dem Chauffeur mit zwei
Worten einen Auftrag hinwarf, welchen das Mädchen im Wagen-
innern nicht verstehen konnte, sich nun neben sie in den Fond des
Wagens setzte und sagte: 'Sie sollen sich überhaupt nicht genieren,

Sie sind eben heute abend mein Gast!' Und als das Mädchen,
weniger aus seinem Munde denn viel mehr aus seinem ganzen
schmal gekrümmten Körper heraus, zu einem Widerspruch an-
zusetzen schien: 'Wirklich, Sie brauchen sich nicht zu entschuldigen, Sie brauchen mir nichts zu erklären, so kann es schon gehen
im Leben, nur sein Sie jetzt nett und tun Sie mir den Gefallen, mit
mir zu Abend zu essen!' Und sie fühlte sich versucht, ihren Arm
um die vogelknochig eckigen Schultern des Mädchens zu legen;
dachte dann aber, daß eine solche Geste, selbst wenn sie ihr in aller
unvoreingenommenen Herzlichkeit gelinge, das Mädchen eher
noch tiefer verschüchtern als es aus seiner Verschüchterung befreien könnte, und ließ es; dachte weiter, daß es unbezahlbar
schade wäre, wenn sie mit irgend einem ungeduldigen Leichtsinn,
dem bestgemeinten sogar, diesen seltenen, köstlichen Fang, den
ein glücklicher Zufall ihr gradewegs in die Arme trieb, vorzeitig
verscheuchte; empfand aber allsogleich einen solchen Gang der
Gedanken als ein Streunen in verbotenen Bezirken und sagte, auch
um sich selber wieder auf den rechten Weg zu bringen: 'Wir
wollen ganz gemütlich zu Abend essen, wir beide, ja?'

Das Mädchen gewahrte, daß der Chauffeur den Weg zum
Bahnhof nahm, welchen sie von Hause weg schon seit etlichen
Minuten, mit einem schamtiefen Zögern vor jeder Frau, die anzusprechen sie sich kühn genug fühlte (um es dann doch wieder
bleibenzulassen), gehastet war, und sie dachte, daß es um so günstiger sei, je näher sie dem Bahnhof kämen. Und als sie noch,
gleichsam mit fiebrigen Fingern in ihrem Gehirnkasten kramend,
überlegte, wann und vor allem wie sie es ihr begreiflich machen
sollte, da lenkte der Chauffeur bereits, wie ihm aufgetragen war,
auf den Bahnhofsplatz zu, kurvte in weitem Schwung herein und
heran und bis unter das über den Gehsteig vorspringende Dach vor
der Schalterhalle; zwischen den Regenfäden an den Wagenfen-
stern stierte das Mädchen hinaus wie ein Gefangener zwischen den
Gitterstäben. 'Fahren Sie vor bis zum Restaurant!' Dort hielt der
Chauffeur den Wagen an, sprang heraus, riß den Schlag auf, nahm

das geforderte Geld entgegen, ließ, als eine Geste seiner Auftrag-
geberin ihm bedeutete, es stimme so, seine Börse mit dem Wechselgeld flugs in der Tasche seiner Windjacke verschwinden. Das
Mädchen dachte, daß jetzt der Moment sei, es ihr zu sagen. Indessen spürte sie schon eine leise Berührung unwiderstehlich an
ihrem Arm, ihre Gastgeberin hatte sich untergehakt und geleitete
sie schon die Treppen hoch zu dem Restaurant, hinein und hinüber zu einem der wenigen freien Tische vor den großen Fenstern,
die den Blick freigaben hinunter auf die Bahnsteige und die Geleise dazwischen, wo einige Züge abfahrbereit standen. 'Jetzt
wollen wir uns aber einen gemütlichen Abend machen, nicht
wahr?' Das Mädchen, welches bisher noch nichts gesprochen hatte,
sagte noch immer nichts, legte weder Kopftuch noch Mantel ab,
starrte hinab auf die Bahnsteige, unter deren flachen, nach innen
leicht abgeschrägten Dächern mit der Regenrinne in der Mitte
einige Koffer und auf engstem Raume trippelnde Beine von war-
tenden Reisenden, des Blickwinkels wegen aber keine Gesichter
zu sehen waren. 'Legen Sie doch ab, Fräulein —!' Das Mädchen
dachte: 'O nein o nein o nein!' Griff zugleich unters Kinn, wo
sie das Kopftuch verknotet hatte, löste und hob es vom Haar,
hängte es über die Lehne des Stuhls. Dachte: 'O wenn sie nur
nicht so hundsgemein freundlich wäre — wie soll ich es ihr da
nur sagen können?!' Sie fühlte sich außerstande, ihre Gönnerin
zu enttäuschen, vor ihr nun alles aufzudecken als wie den Inhalt
eines Beutels voll von Diebsgut; legte, zumal die fremde Dame
ihr dabei behilflich war, nun auch den regenfeuchten Mantel ab,
ließ sich ergeben in den zurechtgerückten Sessel drücken. 'Am
besten, wir trinken zuvor einen Cognac, das wärmt uns auf.' Und
als das Mädchen noch immer schwieg: 'Sie mögen doch einen
Cognac?'

'Nein', begann das Mädchen zögernd, gesenkten Blickes, leise
und voll von Ekel bei dem Gedanken ans Trinken; sagte aber
dann, mit dem Gedanken, daß der Cognac ihr den Mut machen
würde, den sie nun brauchte, um ihren in der Freundlichkeit der

fremden Dame festgefahrenen Karren doch noch flottzumachen und zu wenden, den Mut, den sie nun brauchte wie nie zuvor im Leben: 'Aber — bitte, wenn Sie meinen, gnädige Frau?'

'Sehn Sie!' sagte die also Befragte, befriedigt von ihrem ersten Einbruchserfolg in das schweigsame, gleichsam zugemauerte Wesen ihr gegenüber; und bestellte bei dem Kellner, der eben zwei Karten an den Tisch brachte, die Cognacs. 'Einen französischen, bitte!' Und wandte sich wieder an das Mädchen: 'Aber sagen Sie nicht wieder "gnädige Frau" zu mir; nennen Sie mich einfach bei meinem Namen!' Und nannte diesen. Und dachte: 'Was für ein hübsches Mädel! Kein dummes, kein übles Gesicht! Weiß der Himmel, wie sie unter die Räder gekommen ist?! Vielleicht jemand krank zu Hause, oder sie selber! Sympathisch, nur maßlos verschüchtert! Bettelt wahrscheinlich zum ersten Mal — und ich, ich kann es vielleicht so wenden, daß dieses erste Mal auch das letzte Mal ist! Müßte nur wissen, was wirklich los ist mit ihr! Aber wird mir schon ihre Geschichte erzählen, sicher, ganz sicher wird sie das tun!'

Der Kellner brachte die Cognacs. 'Schon gewählt, die Damen?'

'In zwei Minuten!' Der Kellner zog sich zurück. Sie hob ihr Glas, lächelte dem Mädchen ermunternd zu. Das Mädchen tappte nach dem Glas, hob es an den Mund, nippte, nippte ein zweites Mal, kippte das Glas sodann mit einer heftig-eckigen Geste hintüber. Atmete mit sich abzeichnender Beengung des Schlundes tief ein und aus, stemmte ihren Kopf aus dem Nacken wieder zurück, verhielt die Bewegung plötzlich in dem Blick auf die Uhr an der Wand, nur weiße Wand eigentlich mit zwölf schwarzen Strichen und achtundvierzig schwarzen Punkten dazwischen und zwei darüber kreisenden schwarzen Zeigern, und dachte: 'Es sind jetzt keine zehn Minuten mehr Zeit, aber immer noch Zeit genug, durch den ganzen Zug zu laufen, in jedes Abteil zu blicken!' Und dachte: 'Wenn ich es jetzt nicht sage, dann ist es zu spät!' Und sagte: 'Ich möchte — ich möchte Ihnen etwas erzählen —', und verlor, zum zweiten Mal von ihrer eigenen Kühnheit überwältigt,

ihre mühsam kontrollierte Sprache allsogleich in ein derart kon-
fuses, verquältem Weinen nahes Stottern, daß die andre sie sanft
unterbrach und sagte: 'Wir wollen zuerst einmal in aller Ruhe
essen, ja? Nach einem guten Essen spricht sich's viel leichter, ganz
bestimmt! Wählen Sie nur! Wählen Sie, was Sie nur mögen!'
Sie schob ihr die aufgeschlagene Karte vor das gesenkte Gesicht.
'Mögen Sie Kalbsschnitzel mit gemischtem Salat?' Das Mädchen
nickte kaum merklich, mit der stupiden, gar nicht begreifenden
Ergebenheit eines, dem sein Todesurteil vorgelesen wird. 'Oder
lieber gefüllte Paprika mit Reis?...Und das, das wär' auch was
Feines: Ragout mit Pommes frites!' Und als das Mädchen weiter,
wie aufgezogen, nickte, bestellte sie bei dem herangewinkten
Kellner zwei Portionen Ragout mit Pommes frites und dazu eine
kleine Karaffe Wein, und für das Mädchen noch einen Cognac
zuvor. Sie hätte dem Mädchen gerne etwas Ermunterndes gesagt,
aber die Worte, die ihr in den Sinn kamen, fühlten sich abgeschmackt an, sowie sie sie formulierend auf die Zunge legte; so
schwieg auch sie. Draußen vor dem Fenster qualmten die Loko-
motiven breiig träg in den nebligen Abend, einzelne Lichter,
grüne, rote, blaue und weiße Lichter schwammen in der feuchten
Dunkelheit draußen. Der Kellner brachte den Cognac, das Mädchen rührte ihn nicht an. Ringsum an den Tischen nahmen immer
mehr Menschen Platz, Reisende zumeist, die einen Nachtzug gewählt hatten und vorher hier ihre Abendmahlzeit verzehrten, aber
auch Leute aus der Stadt, die bloß des Essens wegen hierherge-
kommen waren. Züge wurden ausgerufen, widerwillig artiku-
liertes Räuspern eines Bahnbeamten in der Fahrdienstleitung,
Arbeiterzüge in die nähere Umgebung. Und dann der D-Zug 'mit
Kurswagen nach Le Havre'. Das Mädchen hörte die Ansage krachen und knistern, starrte, als könne ihr Blick die Zeit zum Stillstand bringen, auf die weiße Wand mit den schwarzen Strichen
und Punkten und Zeigern vor ihr, wußte, daß dies die letzte
Chance war, und schwieg, als habe eine übergroße Schuld ihr den
Mund vernäht; noch nicht wissend, aber mit einer alles Wissen

übersteigenden Sicherheit ahnend, daß nicht die Bitte selber, vor noch nicht einer halben Stunde an die fremde Frau gerichtet, all ihre Energien aufgezehrt hatte, sondern daß die kleine Unwahrhaftigkeit dieser Bitte das Gefäß ihres Willens, das ihr vor kaum einer halben Stunde noch unausschöpflich erschienen war, ganz und gar leergetrunken hatte. Der Kellner brachte die Speisen, schenkte Wein in die Gläser. 'So', sagte ihre Gastgeberin, 'und nun denken Sie an gar nichts anderes als an das Essen!' Das Mädchen nahm ungeschickt, wie mit steifgefrorenen Fingern, aus denen alles Blut gewichen ist, das Besteck in die Hände, setzte es an, ließ kraftlos die kaum gehobenen Arme wieder sinken; und dachte, indes die andere Hälfte ihrer Gedanken einem einzigen, ach so nahen und ach so unerreichbaren Ziele zustrebte, daß sie hier nun gefangensaß, gefangen in einer Falle, deren Gehäuse aus ihrer unwahrhaftigen Bitte gebildet war, und deren hinter ihr zugeschnapptes Türchen in der übermäßigen Erfüllung dieser Bitte bestand! Man darf sie nicht drängen, man muß sie ganz langsam zu sich kommen lassen, dachte die andre indes und begann, so unauffällig wie möglich, zu essen. Ließ selber plötzlich Messer und Gabel sinken, als sie sah, wie des Mädchens Blick, aus wie im Krampfe versteintem Gesicht, mit todhafter Starre über sie hinwegzielte, so daß sie, wie einer hinter ihrem Rücken lautgewordenen Gefahr gehorchend, sich umdrehte, dort aber war nur die weiße Wand mit der schwarzen Uhr darauf. Unten, von den Geleisen her, schnitt ein Pfiff durch die Stille, die leise raunend über dem ganzen Bahnhof lag, dann schnaubte eine Lokomotive hoch, paffte heftig und kurzatmig, fand alsbald ihren Rhythmus wie das sich zu dröhnendem Mahlen steigernde Anrollen der Räder. Das Mädchen verharrte reglos, zum Platzen gespannt. Nein, dachte ihre Gastgeberin, sie ist derart verschüchtert, daß es am besten ist, man läßt sie allein! Fingerte eine Visitenkarte aus ihrer Tasche, legte drei gefaltete Geldscheine dazu, schob das kleine Päckchen dem Mädchen unter den Tellerrand und sagte, all die ihr zur Verfügung stehende Herzlichkeit in ihre Stimme zusammenraffend:

'Ich sehe grad, es ist schon sehr spät für mich.' Und die Hand zu-
rückziehend wie nach ertapptem Diebstahl: 'Wirklich, ich möchte
Sie nicht — kränken! Ich möchte Ihnen nur helfen — soweit ich
das kann. Bitte schreiben Sie mir, ich habe einflußreiche Freunde,
ich bin ganz sicher, daß wir etwas finden werden für Sie!' Und
sich erhebend: 'Tun Sie mir nur den Gefallen und zahlen Sie das
alles, und über den Rest kein Wort mehr, ja?' Nun erst sah das
Mädchen die Visitenkarte und die drei Zehnmarkscheine, nestelte
mit zitternden Fingern daran herum, hob den Kopf, und dann auf
einmal platzte es heraus aus wutüberkrustetem Gesicht, eine Stichflamme von Enttäuschung und Verzweiflung: 'Jetzt jetzt jetzt!'
Fegte Geld und Visitenkarte über den Tisch, sprang hoch, riß den
Mantel vom Haken und stürzte hinaus, an dem dezent erstaunten
Kellner und an den näheren Tischen vorbei, wo die Leute ihre
Hälse reckten und renkten und hinter dem Mädchen herstarrten
und sodann herüberblickten, wo die also heftig Verlassene dem
Kellner rasch zahlte, und jemand am Nebentisch sagte, sagte es so
laut, daß sie es hören mußte: 'Na klar, die hat was wollen von
dem Mädel!' Sie raffte ihre Sachen zusammen und schritt, gesenkten Hauptes, davon, überlegend noch, ob sie nicht das Kopftuch, welches das Mädchen auf dem Stuhl hatte liegenlassen, an
sich hätte nehmen sollen, als eine gegenständliche Erinnerung an
dieses unbewältigte Abenteuer. Und eben, als sie schroff diesen
grad erst ihr eingeschossenen Gedanken verwarf, tauchte der Kellner neben ihr auf und reichte ihr das Kopftuch. Sie nahm es, nur
um ohne weitere Komplikationen davonzukommen, wortlos an
sich. Und strebte ihrem Bahnsteige zu, wo, wie sie wußte, sehr
bald der nächste Pendelzug abfahren mußte; und sank, nachdem
sie das Licht im Coupé gelöscht, in die Polster,
dieweil das Mädchen draußen über den Bahnhofsplatz stürmte,
fort und zurück den Weg, den sie im Taxi hergekommen war,
im betäubten Kopfe nichts mehr als ihn, den zu sehen, noch einmal, zum letztenmal zu sehen sie unterwegs gewesen war und der
nun abgereist war, ohne daß sie ihn noch hätte sehen, ihm noch

hätte sagen können, daß es nicht ihre Schuld allein gewesen, bei
Gott im Himmel nicht ihre Schuld allein! Auch diesen letzten
Brief noch hatte ihr Vater unterschlagen, weil er ihn nicht aus-
stehn konnte, diesen 'fremdländischen Laffen', diese 'Übersee-
Visage', oder einfach, weil er die Tochter, die ihm das Geld zum
Versaufen ins Haus brachte, nicht hergeben wollte; und als ein
Zufall, der heute schneller als sonst ihn in röchelnden Schlaf kip-
pende Rausch des Vaters, ihr das Schreiben mit der Mitteilung
seiner endgültigen Abreise dann doch noch in die bebenden Hände
spielte, da war es zu spät, oder eben doch noch nicht ganz zu spät,
wenn sie nur das Geld gehabt hätte, die fünfundzwanzig Pfennig
für die Straßenbahn und die zehn Pfennig für die Bahnsteigkarte,
doch diese fünfunddreißig Pfennig hatte sie nicht gehabt, ihr
Vater, selbst wenn es ihr gelungen wäre, ihn wachzurütteln, hätte
sie eher mit seinen leergesoffenen Flaschen zu Tode geprügelt, als
daß er ihr, für welchen Zweck auch immer, Geld gegeben hätte,
und niemand war in der Nähe, wo sie das Geld hätte borgen können. So war sie losgehastet zu Fuß, hatte dann die fremde schöne
Frau angesprochen, und damit war alles verloren gewesen. Hatte
sich nicht mehr befreien können aus dem Zugriff der Zange, deren
eine Backe ihre unwahrhaftige Bitte, und deren andere Backe die
übermäßige Erfüllung dieser Bitte war, hatte sich nicht mehr daraus befreien können, um die Wahrheit, diese simple, kleine, ach
wie verständliche Wahrheit zu gestehen: daß sie ihn ihn ihn noch
sehen mußte, ihn sehen schon nicht mehr, um ihn zu halten, sondern einfach, um ihm zu sagen, wie das alles nun so gekommen war
zwischen ihnen, ihm all das zu sagen, ehe er fortfuhr, fort so weit,
wie sie nicht einmal denken konnte, und niemals wieder zurück
— ja, ihm sagen, wie das alles nun so gekommen war zwischen
ihnen, und wirklich schon nicht mehr, um ihn zu halten, zur Umkehr zu bewegen, sondern allein, um dies alles ihn wissen zu lassen
und unter diesem Wissen den Zank und Harm und Groll zu begraben, der sie fortan tiefer trennen würde als das tiefste Meer
zwischen ihnen, sofern es ihr nicht gelänge, ihn doch noch zu

sehen, ihm alles zu sagen, ein gutes Wort ihm zu geben und ein gutes Wort von ihm zu empfangen: damit, wenn hier wirklich alles zu Ende ging, es nicht anders ende, als es hätte dauern sollen! Sie hatte sie angesprochen, die fremde schöne Frau, mit der Bitte um Geld für ein bißchen Brot, weil Brot ihr das einzige Ding auf der Welt zu sein schien, das den Menschen ein begreifbarer Wert ist und dessen Mangel die Menschen so greifbar spüren, daß sie bereit und fähig sind, darob sich zu empören, und deshalb vielleicht auch, zu helfen; und war nun alles viel besser und deshalb viel schlimmer gekommen! Einfach hängengeblieben war sie, hatte sich nicht mehr losmachen können von dieser mißbrauchten Hilfsbereitschaft, an die sie aus einer nicht in ein Wort wie 'Brot' faßbaren Hilflosigkeit appelliert hatte, hängengeblieben war sie, eingeklemmt zwischen ihrer eigenen winzigen Lüge und der übergroßen Güte jener fremden schönen großen reichen Frau,

welche nun schon in dem rumpelnden Zuge saß und dachte, daß es eben doch nur der Hunger gewesen sei, der sie langsam ausgehöhlt, der sie elend gemacht, der sie anfällig gemacht hatte für Abenteuer, die ihrer Natur nach nicht zu bewältigen waren; und daß es nur deshalb dazu hatte kommen können, weil sie im Laden des Antiquars nicht sogleich getan, was sie morgen nun würde nachholen müssen, telephonisch. ('Ja also, ich habe mir's überlegt, habe die Sache zuerst einmal überschlafen. Nun, ich nehm' es...') Trotz allem, sie fühlte sich nicht glücklich bei dem Gedanken an das Teeservice, und je verbissener sie an diesem Gedanken festhielt, desto schmerzlicher fühlte sie sich betrogen um die eigentliche Beute ihres Fischzugs im Ungewissen. Vertane Zeit, vertanes Geld, vertane Mühe, sinnlos und nutzlos vergeudete Liebesmüh', und am Ende dazu die Blamage! Nie, so weit sie auch zurückdachte, war ihr etwas so völlig mißglückt, ohne daß sie eine Ursache dafür in der Sache oder eine Schuld bei sich selber gefunden hätte! Herz und Hirn überfüllt von der Frage, was denn eigentlich geschehen war und warum sie dieses Abenteuer nicht hatte bewältigen können, da sie an Zeit, an Geld, an Mühe

wahrhaftig doch nicht gespart, an nichts ihr Möglichem es hatte
mangeln lassen: so verirrte sie sich aus Irritation in Ärger, aus
Zweifel in Gleichgültigkeit, aus Scham in den Wunsch, zu vergessen. Dem neuen Erlebnis des schuldlosen Scheiterns sah sie
sich hilflos ausgeliefert, sie wußte nichts anzufangen damit, sie
wollte es los sein. Und so auch das Kopftuch des Mädchens. So,
als sei nichts, aber auch schon gar nichts gewesen, so sollte nichts,
und auch nicht das Kopftuch, sie an etwas erinnern! Sie fingerte
aus ihrer Tasche das Kopftuch hervor, um es ihr gegenüber in das
Gepäcknetz zu legen. Und da, als ihre Fingerspitzen in den rauhen
wollenen Stoff griffen, in dessen schäbigem Gewebe noch ein Rest
von Feuchtigkeit saß, da spürte sie in dieser Berührung mit diesem
kleinen erbärmlichen Stückchen Wirklichkeit, das ihr geblieben
war, wieder die ganze unzerstörte Wirklichkeit der abendlichen
Begegnung, dieser Begegnung mit dem schmalen blassen Mädchen im Nieselregen vor dem Portal des Antiquars; spürte mit
der unbezweifelbaren Gewißheit ihrer alle Gedanken übertreffen-
den Sinne, daß sie da nicht bloß irgend einem armen und elenden
Geschöpf aus der ihr unbekannten Welthälfte begegnet war, sondern dem unbegreiflichen Geschick des Menschen selber, welches
ihn, tiefer als irgend eine Armut und irgend ein Elend, beklagenswert macht, da ja nicht einmal die Güte, selbst wenn ihr alle Mittel
der materiellen Welt zur Verfügung stehen, immer und unbedingt imstande ist, zu helfen, zu heilen, zu retten; spürte weiter,
daß sich Erlebnisse wie dieses, in das sie da hineingerissen worden
war, nicht einfach ablegen ließen im Vergessen wie ein fremdes
Kopftuch im Gepäcknetz; spürte endlich, je inniger ihre Finger
vertraut wurden mit dem Gegenstand ihrer Berührung, desto
reiner die Trauer aus dieser Berührung strömen, wie als die Lösung all dessen, was in Wahrheit da geschehen war, die Trauer
aller wirklichen Erfahrung, von der sie gemeint hatte, daß man
sie nur mit den Fingerspitzen der Seele macht: die Trauer, in der
sie nun hinabsank bis auf den Urgrund des Lebens, wo eben diese
Trauer, wenn sie ihren Schacht nur wirklich in die Tiefe bohrt,

im Aufprall umschlägt in den unbegreiflichen Mut, dank dem der
Mensch nach oben zurückkehrt und lebt. Sie hatte helfen wollen,
und ihr war geholfen worden, doch wie! Und als der Zug an dem
Ort, wo sie wohnte, hielt, da weinte sie ungehemmt in das rauhe
wollene Kopftuch des Mädchens hinein, weinte und wußte, daß
man's zu Hause ihr anmerken würde, aber sie weinte leise und
schließlich lautlos weiter, auf dem Heimweg, zu Hause, im Bett
und hinein in den Schlaf, hinüber in einen neuen Tag, in ein neues
Leben, in dem sie sich wiederfand mit leeren Händen und um so
reicher.

HEINZ ALBERS

Heinz Albers, born in Hamburg in 1925, is a contributor to newspapers, journals and radio, who has demonstrated his fondness for the short-story form particularly in the two volumes *Landung ohne Ankunft* (1956) and *Spur der Jahre* (1965). The story 'Die Krähen', which is taken from the latter volume, is based on a memory from the author's childhood.

Horst Künnemann, introducing a collection of Heinz Albers's short stories *Zu dieser Stunde — an diesem Ort* (Signal-Bücherei, vol. 8), makes this comment on Albers's main figures: 'Solitude and the desire to attain an end which is apparently within reach, but then moves into an ever more inaccessible distance, determine the actions of the characters. Their human situation is dominated by the refusal to accept defeats with resignation, and the determination to make another attempt.' This critic also draws attention to the lyrical quality of Heinz Albers's prose, and quotes the author as saying:

Mich interessieren gar nicht so sehr die großen Vorgänge, mich interessiert die Grenzsituation, die sich aus der alltäglichen Existenz ergibt, die häufig unterdrückt ist, gar nicht zum Vorschein kommt.

DIE KRÄHEN

Der Junge saß bewegungslos am Abhang des alten Bahndammes. Er beobachtete, wie die Sonnenscheibe, schon rötlich verfärbt, hinter die Baumreihen absank, wie das Geäst der Bäume sich mit schwarzen, knorrigen, wilden Verzweigungen über sie hindeckte, sie zu durchstoßen, zu teilen schien. In der rechten, immer noch zur Faust geballten Hand hielt der Junge das lasche Stück der Schnur, die sich vor ihm, über Gras und niederes Gestrüpp hin, auf die Baumreihe zuschlängelte, ein heller Strich, der sich jäh nach

oben, ins Astgewirr eines der Bäume hinein verlängerte und sein
Ende im Mittelstück des in der Baumkrone hängenden Drachens
fand. Seitlich vom Drachen, auf den letzten, ihn überragenden
Ästen des Baumes, hingehockt, schweigend, nur hin und wieder
träge aufflatternd, saßen die Krähen. Und sie saßen, nur dichter,
enger, aneinandergerückt, auf den anderen Bäumen; sie stelzten
auf dem Abhang des Fuhrweges herum, der hier den Bahndamm
überquerte, lautlos, schwarze Flügelwesen, auf der harten Erde.

Der Junge saß seit Stunden da und beobachtete die Krähen. Zuweilen zog er an der Drachenschnur. Die Schnur spannte sich,
schnellte hoch, wurde straff und bildete eine einzige hin- und her-
schwirrende Linie. Das Drachenmittelstück wölbte sich knatternd,
aber der Drachen löste sich nicht. Als der Junge die Schnur zum
ersten Mal scharf anzog, waren die Krähen aufgeflogen. Sie zogen
ihre engen Flugkreise, dann kamen sie zurück.

Der Drachen war abgestürzt; eine Windbö hatte ihn seitlich
weggerissen. Der Junge hatte zuviel Schnur abgelassen. Der Drachen war trudelnd, weit entfernt, über die Baumreihen hinge-
stürzt, ein buntes, fallendes Dreieck, das sich im Geäst eines der
Bäume verfing.

Der Junge war sofort losgelaufen, die Feldreihen hinunter, über
den Feldweg, auf den Bahndamm zu. Während er lief, rollte er
die Schnur ein, und er sah, wie sich das Krähenvolk mit schmet-
ternden, krächzenden Rufen aus den Bäumen erhob, wie es wild
flatternd einherstob und dann, schwarze Wolken, die senkrecht
herabfielen, wieder in die Bäume einflog.

Er hatte versucht, sich am Baum hochzuziehen. Aber im gleichen Augenblick flogen die Krähen erneut auf, vom Rand des
Fuhrwegs schwirrten sie hoch, nicht sehr nah, aber doch so, daß
er glaubte, den Luftzug ihrer Flügel zu spüren, ihr Näherkommen,
das den schon schwach rötlichen Himmel verdunkelte, Feder-
wolken, die lautlos dahinflügelten, aus denen einsam und grell die
Vogelrufe gellten, herausgeschleudert aus scharfkantigen, scharf-
gehörnten Vogelschnäbeln. Der Junge erschrak. Halbgebückt lau-

fend, ohne die Schnur fallen zu lassen, zog er sich auf den Abhang des Bahndammes zurück.

Er wagte es nicht, in den Baum zu steigen. Vereinzelt flogen die Krähen über ihn hin. Er duckte sich weg, er lehnte sich flach an den Bahndammabhang. Aber die Vögel streiften ihn nicht. Er dachte, daß es mit der einfallenden Dämmerung vielleicht leichter sei, den Drachen herabzuholen. Er dachte an seinen Bruder, der es gewagt hätte, in den Baum hinaufzusteigen. Im gleichen Augenblick, mit seitlich wegflatternden Flügeln, torkelnd, war eine der Krähen an der Drachenschnur entlang auf ihn zugehüpft, war herangekommen, mit kleinen, merkwürdig unbeholfen anmutenden Sprüngen, den Kopf gestreckt, die Augen klein und scharf, die Federn zitternd geplustert, als befände sich der Vogel im Mittelpunkt eines Wirbelwindes, unaufhaltsam vom Wind auf den Jungen zugetragen. Die Füße des Jungen drückten sich in den Steinschotter des Bahndammes. Schurrend rutschte er weg, glitt aus, rutschte dem Vogel entgegen. Ruhig flog der Vogel auf, zog, niedrig fliegend, nach links davon und verschwand hinter der hohen Kante des Fuhrwegs.

Der Junge erhob sich, blickte über den Bahndamm zu den fernen, die Felder randenden Häusern hinüber. Die Felder waren leer; schräg stiegen ihre Eckbahnen aus der Senke des Bahndammes hoch, buckelten sich und liefen dann flach auf den Horizont zu. Der Junge sah, wie sich aus einer der die Felder unregelmäßig durchziehenden Hecken eine Gestalt löste. Der Herankommende winkte, er rief. Aber der Junge verstand die Worte nicht. Er hörte nur ihren Hall, sie umschwebten ihn. Noch einmal rief der andere, ohne daß der Junge ihn verstand, dann war er heran, und der Junge erkannte, daß es einer der Jungen aus dem Dorf war. Er hatte ihn einmal am Fluß getroffen. Aber er erinnerte sich seines Namens nicht mehr. Der andere kam den Bahndamm herauf, blickte den Jungen an und keuchte: 'Ich habe dich gesucht. Plötzlich warst du weg. Was machst du denn hier?'

'Wieso gesucht?' fragte der Junge.

'Ich sah deinen Drachen', sagte der andere, dann fiel sein Blick auf die Drachenschnur, er sah den im Baum hängenden Drachen. 'Pech gehabt, was?' sagte er. 'Warum holst du ihn nicht ein?' Der Junge zuckte mit den Schultern. Er wagte nicht zuzugeben, daß er sich vor den Krähen fürchtete. Aber da hatte der andere sich bereits umgesehen, sah die Krähen und sagte: 'Ach so. Ich verstehe. Aber die tun dir doch nichts. Keine Sorge. Die fliegen nur 'rum.'

'Meinst du?' fragte der Junge zögernd.

'Aber ja.'

'Also gut', sagte der Junge.

'Was, also gut?'

Der Junge gab keine Antwort. Er ging an der in seiner gerundeten Handfläche hingleitenden Schnur entlang, als bedürfe er zumindest dieses Haltes. Er ging auf den Baum zu. Brandig rot, mit auslaufenden, in die Himmelswölbung gepreßten Zacken, ballte sich die untergehende Sonne jetzt tiefer hinter den Bäumen. Einzeln flogen Vögel: über glimmende Brandflächen hinschießende schwarze Punkte, die vom fernen Nebelhauch des Abends aufgesogen wurden.

'Warte!' rief der andere. 'Ich komme mit.'

Der Junge war schon am Baum. Die Krähen flügelten auf, als er sich am Baumstamm hochzog. Er umklammerte den Stamm mit Armen und Beinen. Er tastete sich, mit den Füßen Halt suchend, über die knorrigen Stammausleger. Er zog sich höher, bis er die untersten Äste erreichte, die Tragbarkeit der Äste für Momente, indem er hing, erprobte, dann schwang er aus, stemmte schräg die Beine gegen den Baum, glitt hoch, stand da, hangelte sich weiter, hielt sich in den Ästen.

'Mach nur', rief der andere, 'mach nur!'

Der Junge klomm weiter, behender wurde sein Klettern, schneller. Aber immer noch hing der Drachen hoch über ihm. Krähen saßen auf den äußersten Astausläufern der Baumkrone, unbeweglich. Dann, ein herankommendes, stärker werdendes, alles übertönendes Rauschen, war die Vogelwolke um den Baum. Die Krähen flogen. Der Junge sah nur das Schwingen großer Vogelleiber, die nahe am Baumgeäst vorüberflatterten, einherflatterten, die den Baum mit ihrem Flügelbrausen einhüllten. Er preßte sich eng an den Stamm, legte das Gesicht gegen den Stamm, krampfte seine haltenden Hände um die Äste. Das Rauschen der Flügel blieb, kam näher. Der Junge glaubte zu fühlen, wie die Vogelflügel das Astwerk peitschten, wie der Baum unter dem Sog luftschlagender Flügel in Bewegung geriet, wie Stamm und Äste in ein Kreisen übergingen. Schwindel ergriff ihn. Von Ast zu Ast tastend, ließ er sich hinab. Er rutschte am Stamm abwärts, spürte an Händen und klammernden Knien die reißende Härte der Baumrinde, ließ sich, ohne den Sprung zu bemessen, aus den letzten Ästen fallen, fiel schwer, aber stand sofort wieder auf und hörte, wie der andere aus der Entfernung des Bahndammes rief: 'Die kamen ganz plötzlich. Das habe ich noch nie erlebt. Ich dachte schon, sie wollten auf dich los. Komm.'

Immer noch benommen, setzte sich der Junge neben den anderen auf den Bahndamm. Der andere sagte: 'Am besten, du läßt ihn oben.'

Der Junge schüttelte den Kopf. Er sagte: 'Ich hole ihn 'runter. Jetzt hole ich ihn gerade 'runter.'

'Wenn du es schaffst', sagte der andere zweifelnd.

'Ich muß den Drachen wiederhaben', sagte der Junge.

'Du hast lange dran gebaut?' fragte der andere.

'Ja', sagte der Junge, 'eine ganze Zeit.'

'Daß er auch ausgerechnet in die Krähenbäume stürzen mußte', sagte der andere, aber er sagte es ohne Vorwurf.

Der Junge hob die Hände, er zitterte vor Erregung, er erkannte, daß seine Handinnenflächen aufgerissen, blutüberkrustet waren, aber er fühlte keine Schmerzen, nur ein leises, stechendes Brennen, das in die Fingerspitzen auslief — er sagte: 'Er fiel ganz plötzlich. Ich konnte ihn nicht mehr halten. Er rutschte einfach weg. So war's.'

'Warte', sagte der andere und stülpte seine Hände halb über seinen Mund und begann, indem er sein Gesicht den Bäumen zudrehte, hohe, gellende Schreie auszustoßen. Dann ließ er die Hände wieder sinken und sagte: 'Nichts zu machen. Sie lassen sich nicht stören. Sie fliegen nicht weg.' Sie saßen schweigend. Dann sagte der andere: 'Vielleicht sollten wir es zusammen versuchen.' 'Zusammen?' fragte der Junge.

'Den Drachen aus dem Baum holen', sagte der andere.

Als sie die Stelle im Baum erreichten, die der Junge bei seinem ersten Versuch schon erreicht hatte — und nun langsam höher stiegen, den hoch sitzenden Krähen immer näher kamen, sagte der andere, bevor er den Versuch wagte, in die Hände zu klatschen: 'Sie sehen aus, als ob sie schlafen.' Er schlug die Hände klatschend zusammen. Taumelig erhoben sich die letzten Krähen im Baumgeäst und kurvten mit matten Flügelschlägen erdzu.

Der Junge erreichte den Drachen. Er begann am Drachen zu zerren. Er bekam den Drachen nicht los.

'Du mußt ihn hochstoßen', rief der andere. 'Dann fällt er von allein.'

Der Junge stieß gegen das Unterteil des Drachens. Er stand dabei freihändig im Geäst des Baumes. Er stieß wuchtig, mit beiden Händen. Der Drachen schwebte leicht hoch, schien sich zu lösen, dann fiel er wieder zurück.

Ohne ein Wort zog der andere sich neben dem Jungen hoch. Sie standen jetzt auf gleicher Höhe. Zusammen drückten sie den Drachen hoch. Mächtig und schwarz, steil, hob sich der Drachen empor, vom Schwung des Stoßes hochgerissen und fiel dann, kopflastig, schräg nach außen, fiel aus der Baumkrone, rutschte an den äußersten Enden der Äste entlang, schurrend, knarrend und fiel zu Boden.

'Das haben wir', sagte der andere und blickte sich um. 'Die Krähen scheinen abgeflogen zu sein', sagte er. 'Die Bäume sind leer.'

Der andere stieg als erster hinab. Der Junge folgte ihm. Dann merkte der Junge, daß der andere im Abwärtssteigen innehielt.

'Was ist?' fragte er, ohne hinabzublicken, weil er fürchtete, daß ihn wieder Schwindel ergreifen könne. Aber der andere schwieg.

'Was ist?' fragte der Junge erneut.

'Da unten', sagte der andere, und seine Stimme war kaum vernehmbar.

Unter ihnen, wie gegliedert, wie einer unsichtbaren Ordnung hörig, hingehockt, stolzierend, flatternd, dicht an dicht, schwarz auf schwarzer Erde und doch noch erkennbar, saßen und schwärmten die Krähen. Über den Schotter des Bahndammes zog sich die Krähenflut, sie umspannten, eine durcheinanderwirbelnde Woge schwarzer Leiber, den Halbkreis der Bäume.

Der andere zögerte immer noch, dann sprang er. Als der Junge sprang, schwebte die Krähenwolke bereits auf, wieder war das Flügelrauschen da, hart und vibrierend, und doch gleichzeitig leicht, sanft.

Sie nahmen den Drachen auf, die noch auf der Erde hockenden Krähen wichen im Dämmerlicht vor ihnen zurück.

Der andere rief: 'Nimm den Drachen hoch!'

Der Junge begriff nicht. Noch einmal rief der andere und zerrte den Drachen hoch, so daß das vordere Ende über seinen Kopf hinausragte: 'Nimm den Drachen hoch!'

Sie hielten den Drachen deckend, schützend über ihren Köpfen. Sie liefen über den Bahndamm, hinab in die Senke der Felder, und bereits da, als die bröckelige Erde unter ihren Füßen sie zwang, langsamer zu laufen, als sie unsicher wurden, als sie im Laufen zu stolpern drohten, glaubten sie zu hören, wie Krähenschnäbel sich ins Drachenpapier einhieben, die dünne Papierschicht zerfetzten, das dünne Holzgestell des Drachens zerschlugen.

Der ander schrie: 'Sie sind über uns, schneller!'

Aber es waren nicht die Krähen. Sie merkten es, als sie schwer atmend, die ansteigende Mitte der Felder erreichten, als sie die Stille gewahrten und den Drachen herabnahmen und den Riß im Drachen sahen, und auch jetzt, stehend, hörten sie das Sirren des

Windes, der sich im Drachenpapier fing und lauter sirrend während ihres Laufes über sie hin und durch den Riß im Papier gefegt war.

Der andere lachte, als er es sah, und er sagte: 'Ich hab's ja gewußt. Die sind ganz zahm. Die tun uns nichts. Du wirst ihn neu bespannen müssen. Wenn du willst, helfe ich dir dabei.'

'Morgen', sagte der Junge, 'morgen früh, wenn du Zeit hast.'

Sie hörten das Flügelrauschen nicht. Aber sie sahen die große, über sie hinfliegende Vogelwolke, die der Nacht entgegenzustreben schien. Kurz vor den Häusern, am Rand der Felder, fiel die Wolke ein. Nur schattenhaft vermochten sie im Dämmerlicht die Krähen zu erkennen.

'Nach links', sagte der andere. Sie liefen nach links, um den Krähen am Feldrand auszuweichen. Aber dann sahen sie, wie aus der vergehenden Röte des abendlichen Himmels neue Krähenschwärme quollen, lautlos fliegend, ein sanftes, gelassenes, zielsicheres Treiben, das den Himmel dunkler machte, und jetzt ließen die Krähen sich auch auf den Feldern nieder, nicht nur an den Rändern, sie bedeckten die Pläne der Felder wimmelnd, hinhuschende Erdwesen, die ihren Kreis enger um die Kinder zogen, als gelte es, den Kindern den Rückweg abzuschneiden.

SIEGFRIED LENZ

Siegfried Lenz was born in 1926 in Lyck, in what was then East Prussia. He has described his early life there in the autobiographical postscript to the selection of his short stories *Stimmungen der See* (Reclam, Stuttgart, 1962). In 1945, when this area came under Polish rule, Siegfried Lenz studied in Hamburg, became a journalist, and after the publication of his first novels, *Es waren Habichte in der Luft* and *Duell mit dem Schatten*, in 1951 he devoted himself primarily to imaginative writing. The first collection of short stories *So zärtlich war Suleyken* (1955) evokes with humour the country life of East Prussia. *Der Mann im Strom* (novel, 1957) centres upon a diver in the milieu of the Hamburg docks, while *Brot und Spiele* (novel, 1959) describes the career of a professional long-distance runner from the point of view of a friend who is watching him on his last race. *Jäger des Spotts* (1958) and *Das Feuerschiff* (1960) are collections of stories. The play *Zeit der Schuldlosen* (1961) examines problems of individual and group responsibility under the pressures of a dictatorial régime. *Das Gesicht* (1963) takes the theme of a man's facial resemblance to the ruler of a totalitarian state as the basis of a comedy. The author's interests in the medium of drama are also represented in his collection of four radio plays, *Haussuchung* (1967). In *Stadtgespräch* (novel, 1963) the setting is a small town in Norway during the Second World War, and the author works out the emotional consequences caused by the tension between German occupying forces, the majority of the local inhabitants and the resistance group. *Lehmanns Erzählungen oder So schön war mein Markt* (1964) is a collection of humorous stories, memoirs of a black-marketeer of the years immediately after the end of the war. The tale 'Nachzahlung' appears in the collection of short stories *Der Spielverderber* (1965).

Writing is a form of self-questioning, Siegfried Lenz says in his autobiographical sketch. One of his themes, he notes, is the revolt of a character against an inevitable defeat and his ultimate subjection;

61

he expects of the writer 'a certain pity, justice and a necessary protest'. The writer's relationships with society will be uneasy; '... while society has good reason to distrust the writer, it still unconsciously places great expectations in him' (from *Hamburger Abendblatt*, 29 October 1966, quoted in English in the *German Tribune*, 19 November 1966). In the same article Siegfried Lenz writes: 'No external pressure forces a writer to be what he is. He is a man neither nominated nor appointed to his office, like a judge. His is a voluntary decision to expose the world, and his complicity in it, for what it is. And the tool he uses is the most incisive and mysterious of all—language. Revelation is the writer's raison d'être, whether it is common distress, common passions, hopes, joys or a universal threat.' As the narrator in *Stadtgespräch* says: 'denn mehr als zu verwerfen, kommt es darauf an, zu verstehen.'

NACHZAHLUNG

Wie immer, wenn es nach Hause ging, machte Josef Tubacki sein Spiel: tänzelnd bewegte er sich um unsere Karre, nahm den breiten, aus Leinwand geschnittenen Ziehgurt quer über die Schulter, scharrte freudig, sprang an, prustete auch, bäumte sich schön im Geschirr auf und keilte spielerisch mit seinen ungleichen Sandalen aus, und das trieb er so lange, bis ich die Schubstange anhob und rief: 'Hüh, Josef, hüh!' Da zog er ungestüm an, er mit seinen zweiundsechzig Jahren warf sich in den Gurt, machte einige, wenn auch mehr angedeutete Galoppsprünge, und in ungeduldigem Einverständnis warf er mir ein verstümmeltes Wiehern herüber, das ich mit einem Schnalzen erwiderte. Die Karre ruckte an. Die beiden großen Räder mit dem abgeplatteten, blank gehämmerten Eisenbeschlag rollten noch nicht, sie schlugen vielmehr knirschend zu einer Seite aus, gerade so, als wollten sie sich feststemmen, querlegen zur Fahrtrichtung, doch gegen diese eigensinnige Beharrung setzte Josef Tubacki sein Körpergewicht ein: tief ließ er

sich in den Ziehgurt fallen, schnaubte, ließ seine Arme zu Pleuel-
stangen werden, bearbeitete die Straße mit seinen ungleichen Sandalen, bis die Räder den Widerstand aufgaben, sich überschlugen,
leicht und immer leichter rollten. Dann richtete er sich im Gurt
auf und blickte prüfend auf die Ladefläche unserer Karre, umfaßte
alles mit einem Blick: die geschnürten Stapel alten Papiers, die
Körbe mit den leeren Flaschen, baumelnde Kessel und Kannen,
alte und sehr alte Schuhe, die verzurrte Last vollgestopfter Säcke
und die erregenden Gelegenheitsfunde: einen Lampenschirm vielleicht, eine brauchbare Mütze, ein Geweih oder ein schwarz-
weißes Katzenfell. Hatte alles seine Ordnung auf der Ladefläche,
drohte da nichts zu rutschen oder zu fallen, ließ er zufrieden den
Kopf hängen und trabte, bei leichtem Übergewicht, glücklich den
Elbbrücken entgegen, heimwärts.

Wir rollten durch ungewohnte, nie zuvor besuchte Straßen,
fernab von der vertrauten Nähe des Hafens, seinem erfrischenden
Luftzug. Immer kühner, immer verzweifelter stießen wir nach
Hamburg hinein auf der Suche nach neuen Sammelplätzen, denn
hatte man uns erst zu Ostern mit einem Preissturz für alte Flaschen überrascht, so sprach man schon zu Pfingsten dem Altpapier
schroff ein Drittel seines Wertes ab. Die Metallpreise fielen zwar
noch nicht, doch ein geheimes Beben war schon festzustellen, ein
feines Schwanken und Zittern, das auch die Preise für Altgummi
bedrohte. Da blieb uns doch nichts anderes übrig, als neue Straßen
zu erobern, tief in die Stadt vorzudringen, die Tonnen des Schau-
spielhauses ebenso zu inspizieren wie die fündigen Kübel der nam-
haften Hotels. Wenn die heimischen Märkte ermatten, meine ich,
blickt der Kaufmann unwillkürlich zum Horizont.

Von weither rollten wir heimwärts, kamen von Hamm oder
vom Grindel, zufrieden für den Augenblick, wenn auch nicht
sorglos gegenüber der Zukunft: Josef Tubacki im Ziehgurt, ich
zwischen den Schubstangen unserer Karre. Ich gebe zu: es war
nicht einfach, den farbblinden Josef mit den Zeichen und Regeln
des Verkehrs vertraut zu machen; in der ersten Zeit verschlangen

gebührenpflichtige Verwarnungen mitunter einen ganzen Tagesverdienst, doch Strafen und geduldige Aufklärung hatten erreicht,
daß Josef das Spiel der Ampeln schließlich beachtete, sich ein-
prägte, daß Rot oben, Grün unten ist, und daß Rot einfach be-
deutet: Wart ein Weilchen. Nur an den Tagen seiner religiösen
Besessenheit konnte es noch geschehen, daß er sich über Ampeln,
Schilder und Gebote hinwegsetzte, deshalb versicherte ich mich
vor jeder morgendlichen Ausfahrt seiner Gemütslage, und wenn
er etwa, in seiner Sunowoer Tonart, erklärte: 'Der Herr ist gekommen und fühlte Hunger, da hab ich geteilt mit ihm den letzten
Bückling,' — da nahm ich selbst vorsorglich den Ziehgurt über
die Schulter und machte den Vordermann. Doch das ereignete
sich nicht öfter als zweimal in der Woche, an den andern Tagen
konnte ich auf Josef zählen, sichergehen, daß er die Sprache der
Ampeln verstand und ihre Weisungen anerkannte.

Das rhythmische Klatschen seiner Sandalen lief uns also voraus,
wir rollten über eine warme Asphaltstraße zügig unter gewöhn-
lichen Kastanien, überholten ein Fahrrad mit Anhänger, fügten
uns dem Druck des Kreisverkehrs und wurden auf einmal in eine
Einbahnstraße abgedrängt, die wir nicht kannten, von dort ge-
rieten wir in eine Sackgasse, wurden abermals in eine Einbahnstraße hineingezwungen und durch wagemutige Erdarbeiten auf
einen Damm umgeleitet, der zwar ein Pflaster, doch keinen Namen hatte. Josef, einmal im Zug, auf seine Weise unbändig und
ausdauernd, wenn es nach Hause ging, fuhr halbe Achten heraus,
ließ die Karre über den Damm schlingern, entschloß sich sogar
zu einigen Trabschritten, als wir eine Eisenbahnlinie überquerten.
Wie immer, beeilten wir uns, noch vor dem Berufsverkehr über
die Brücken zu kommen und die Funde des Tages beim Groß-
händler abzuliefern. Den Damm entlang, plötzlich durch baum-
lose Straßen, die von neuen Mauern eingeschlossen waren, und
da wußte ich, daß wir uns verfahren hatten. 'Prrr', machte ich,
'Prrr, Josef.' Er hielt unwillig an, kopfnickend, scharrend. 'Wir
haben uns verfahren', sagte ich, 'hier geht es nicht zu den Brücken.'

Er wollte sogleich wieder anziehen, doch ich winkte ab, ich bat ihn, neben der Karre zu warten, während ich ging, um mir die Straßennamen anzusehen. Die Namen bestätigten nur, daß wir uns verfahren hatten: sie endeten auf -redder, auf -koppel und -hoop, Endungen, mit denen ich noch nie etwas hatte anfangen können; sie bezeichneten einen neuen Stadtteil, in dem man auf einen Ruf keine Antwort bekommen hätte, so sauber, so erschreckend klar und leblos war alles. Man hatte Lust, den Kragen hochzuschlagen. Die Mauern schlossen Fabrikhöfe ein, von denen nicht das beruhigende Geräusch von Arbeit herüberdrang. Die Tore, mit Eisenspitzen bewehrte Drahtgitter, waren geschlossen. Aus keinem der streng warnenden Schornsteine drang gemütlicher Qualm: da mußte man sich doch fremd und unterlegen vorkommen und den Wunsch verspüren, aus dieser Gegend ohne Zögern zu verschwinden.

Hastig kehrte ich zur Karre zurück, sagte noch im Gehen: 'Hüh, Josef, Hüh', doch vorn war niemand, der sich in den Gurt legte, freudig ansprang und zog: Josef stand nicht im Geschirr. Josef hatte es geheimnisvoll erreicht, daß ein Tor sich für ihn öffnete, er stand bereits auf dem Boden der Fabrik, vor einem sechseckigen, gläsernen Pförtnerhaus, eine Hand starr, sagen wir: fordernd in die Luft gestoßen und auf einen kauenden Portier einsprechend, der Josefs fordernde Hand übersah und sich darauf beschränkte, hin und wieder träge den Kopf zu schütteln. Den unvermeidbaren Augenblick des Erstaunens stand ich da und sah zu, dann rief ich Josef an, rief mehrmals und erreichte, daß er sich mir zuwandte und, heftig gestikulierend, herüberkam. Ich fragte ihn, was sein Gespräch mit dem Portier zu bedeuten habe, worauf er mich zur Mauer zerrte, auf ein Schild wies, mit seinen Handknöcheln fordernd auf das Schild klopfte und sagte: 'Die Fabrik, Menschenskind, ich könnte schwören, das ist die Fabrik.'

Das emaillierte Schild, möchte ich meinen, war die eingetragene Schutzmarke einer Hutfabrik; es zeigte einen sehr großen, sehr festlichen Hut, aus dem eine Anzahl immer kleiner werdender

Hüte verschiedenen Musters herausfielen, nach denen sich gestreckte Männerhände verlangend reckten. Über das Schild verteilt waren die Buchstaben NGHW, was, wie ich später erfuhr, Norddeutsche Groß-Hutwerke bedeuten sollte; es war in Augenhöhe angebracht, die Farben waren schwarz-weiß.

Da Josef immer erregter wurde, immer neue Gesichter aufzog, ein glückliches und ein anklagendes, ein verwirrtes und ein bittendes Gesicht, fragte ich ihn, woher er die Fabrik kannte. Er sagte: 'Na woher? Na aus dem Krieg. Hier haben sie mich hereingezwungen damals, und ich hab' müssen arbeiten all die Jahre. Am Schild erkenn' ich sie wieder, das hing auch damals da, obwohl wir nicht Hüte gemacht haben, nicht mal Mützen, sondern Helme und Knöpfe.' Ich sagte: 'Ach, Josef, das ist vorbei, laß uns nach Hause fahren', worauf er sich über den kurzgeschorenen Graukopf strich, mich zärtlich ansah und sagte: 'Wirst nicht für möglich halten, Valentin, aber die Fabrik schuldet mir noch was. Und wenn du genau wissen willst, was sie mir schuldet: sind zweiundneunzig Mark achtzig; die schuldet sie mir aus dem Krieg.' — Ich legte dem gleichaltrigen Josef eine Hand auf die Schulter. Ich sagte: 'Das ist vorbei, Josef. Dein Geld, das hat der Wind. Und jetzt komm.'

Doch Josef wollte nicht kommen. Er blieb neben dem Schild stehen, klopfte daran mit seinen Knöcheln und wiederholte mir den Namen der Fabrik und die Summe, die sie ihm schuldete aus einer Zeit, in der die Fabrik selbst weit außerhalb der Stadt gelegen hatte, in einem sandigen Tal der Heide. Und er erzählte, daß er nach dem Krieg mehrmals hinausgefahren sei, um sein Geld abzuholen, doch nie habe er einen Menschen treffen können, der mit der Fabrik zu tun hatte. Wörtlich sagte er: 'Dem Herrn hat es gefallen, mir die Adresse von der Fabrik erst heute zu geben.'

Nun ist es so, daß es sowohl Josef als auch mir gelingt, uns gegenseitig rasch zu überzeugen, eine Tatsache, die unsere fünfzehnjährige Freundschaft und Zusammenarbeit stillschweigend gefördert und begünstigt hat. Wir haben die gleichen Gründe.

Wir sind mit den gleichen Zweifeln gewappnet. Draußen in der Siedlung, in dem sogenannten Kistendorf, wo wir eine leichte Bleibe bewohnen, grüßen wir die gleichen Nachbarn. So ist es nur selbstverständlich, daß wir auch mit den gleichen Hoffnungen ausgerüstet sind.

Daher brauchte Josef mich nicht langwierig auf die Vorteile hinzuweisen, die einem Besitzer von zweiundneunzig Mark achtzig erwachsen. Es genügte ihm festzustellen: 'Wir könnten der Karre Gummiräder kaufen; wir könnten die Ladefläche verbreitern; wir könnten auch mit diesem Geld eine ganz neue Karre kaufen', da war ich schon überzeugt und folgte ihm zum Pförtnerhaus, ließ auf dem kurzen Weg eine freundliche Vision entstehen: ein gummibereiftes, wendiges Wägelchen mit einer aufgeteilten Ladefläche, mit einer Flaschen-, Papier- und Metall-Abteilung und einer Abseite für Allgemeines. Ich sah uns leicht in entlegene Straßen vorstoßen, in nie durchstreifte Gegenden, in denen Spaliere überquellender Mülltonnen auf uns warteten; so vollgestopft waren die Behälter, daß die Deckel nicht mehr schlossen und die Behälter breit zu lächeln schienen.

Der Pförtner nickte uns heran. Ihm war anzusehen, daß er gern den genauen Grund unseres Besuches gewußt hätte, doch Pförtner, das habe ich erfahren, muß man sich unterwerfen durch mürrisch vorgebrachte Andeutungen, deshalb sagte ich nur: 'Buchhaltung, der Herr' — ich deutete auf Josef — 'hat Ansprüche!' 'Hauptgebäude', sagte der Pförtner dienstbar, 'Zimmer zweihundertvier', und gleichzeitig zog er an einer Schnur, ein schwarzweiß gelackter Schlagbaum richtete sich ernst auf, bedrohte uns eine Sekunde, bis wir vorbei waren. Wir gingen über einen leeren, zementierten Platz, zwischen schmalen gläsernen Hallen, aus denen schwache Schlagermusik drang, passierten die Kantine und standen vor dem Hauptgebäude, das auf Säulen ruhte, mit blauen Mosaiken geschmückt war und unter dem leuchtende Wasserspiele vor leeren Bänken stattfanden. Langsamer wurde Josefs Schritt, er nahm meinen Arm, er schluckte, blieb stehn vor

Betroffenheit, schwankte, wollte wahrscheinlich umkehren, doch ich zog ihn weiter zu dem Marmoraufgang und fragte einen sehr jungen, eleganten Pförtner nach Zimmer zweihundertvier. Der elegante Pförtner führte uns zum Fahrstuhl und beschrieb uns den Weg. Als wir allein waren, sagte Josef: 'Können wir nicht, Valentin, lieber verzichten auf meine Ansprüche?' 'Jetzt nicht mehr', sagte ich, und er darauf: 'Aber die Unkosten, die sie gehabt haben, die Unkosten für das schöne Haus und die neuen Hallen und den Springbrunnen: da werden sie doch selbst Schulden haben, denn alles, möcht' ich meinen, muß doch bezahlt werden mit Hüten. Die Helme früher, die ich gemacht habe, die mußte jeder tragen, aber die Hüte wollen erst mal verkauft sein.'

Ich brauchte Josef nicht zu antworten, wir stießen die Tür des Fahrstuhls auf, vor uns lag das Zimmer zweihundertundvier. Wir klopften und traten ein, nachdem wir, in wortlosem Einverständnis, die sehr langen Kippen aus einem Wandaschenbecher eingesteckt hatten. Eine müde, blonde Frau empfing uns, skandierte meinen Bericht mit ihrem Kugelschreiber auf der Tischplatte, starrte, mit sichtbarem Widerwillen, Josef an und erklärte sich schließlich für unzuständig und wisperte mit einem Brillenträger, auf dessen Tisch ein Tennisschläger lag. Der Mann mit der spezial geschliffenen Brille nickte, erhob sich, kam zu uns und wählte ein gequältes Lächeln als Form seiner offenen Abneigung.

'Mein Freund hier', sagte ich also wiederum — und ich spürte, daß Josef dabei litt — 'hat einst in dieser Fabrik gearbeitet, und zwar mehrere Jahre während des Krieges. Man hat ihn dazu gezwungen undsoweiter: denn er stammt aus Sunowo. Ein Rest seines Lohns in Höhe von zweiundneunzig Mark achtzig konnte damals zum Schluß nicht mehr ausgezahlt werden; nun bittet er um Nachprüfung undsoweiter. Er ist auch mit einem Scheck einverstanden. Der genaue Name ist Josef Tubacki.'

Nachdem ich das gesagt hatte, lächelte der Mann nicht mehr; stumm wies er auf zwei Stühle, wartete, bis wir uns gesetzt hatten, und verschwand hinter einer gepolsterten Tür. Ich meine, er hatte ein Recht, dort hineinzugehen, er klopfte nicht einmal an, verschwand und kehrte nach zwei, drei Minuten mit einem riesigen Mann wieder, der sich hektisch umsah, nichts zu sehen und zu begreifen schien und, vor lauter Ungeduld, jemanden zu begrüßen, dem Brillenträger selbst heftig die Hand schüttelte. Der behielt die Hand in der seinen, zog den riesigen Mann zu uns, zu den Besucherstühlen und machte eine entschiedene präsentierende Geste: 'Hier, diese Herren meine ich.'

Wir hatten uns schon erhoben. Ich wiederholte, allerdings in kürzerer Fassung, was ich bereits der blonden Frau und dem Mann mit der Brille gesagt hatte, das verstand der Riese, das erweckte seine Teilnahme, denn er senkte den Blick, legte Josef seine schwere Hand auf die Schulter, hätte die Hand dort womöglich vergessen, wenn nicht ein Spocht hereingekommen wäre, das ist: ein zierlicher, forscher, vor allem väterlich wirkender Mann, bei dessen Eintritt sich die Schreibtische von selbst zu ordnen schienen. Da endeten Gespräche und begonnene Bewegungen, alle Gesichter wandten sich dem Spocht zu, der an den Riesen herantrat, sich ein 'Guten Tag, Herr Zoelle' wünschen ließ, väterlich nickte und, nachdem er Josefs Sandalen erstaunt betrachtet hatte, den Grund unseres Besuches erfahren wollte. Nach einem Wink, den der Riese mir erteilte, ergriff ich dankbar das Wort, und in der ausführlichen Fassung schilderte ich Herrn Zoelle, dessen Teilnahme alles übertraf, Josefs Schicksal: sein Mißgeschick im fernen Sunowo, seine Verbringung in den Westen, die zwangsweise Einteilung zur Arbeit und, natürlich, den augenblicklichen Erwerb. Zum Schluß erwähnte ich die Lohnsumme, die die Fabrik Josef schuldete.

Herr Zoelle, der bei meiner Schilderung auf und ab gegangen war und nicht mehr gesagt hatte als: 'Ich verstehe, ich verstehe vollkommen', entließ plötzlich mit einem Nicken den Riesen, warf einen verhaltenen Gruß in die Runde und forderte Josef und mich auf, ihm zu folgen. Heimlich stieß ich Josef an, und dieser Anstoß bedeutete: jetzt geht's zur Kasse. Doch wir gingen an der

Kasse, auf die mehrere Pfeile hinwiesen, vorbei, fuhren mit dem
Fahrstuhl zum Dachgarten hinauf, auf dem weißgekleidete Kellner Schach spielten, gingen weiter zum wohnlichen Büro von
Herrn Zoelle. Wir durften uns setzen. Wir durften zum Horizont blicken, wo ich sogleich die Elbbrücken ausmachte, die sich
schwarz und dauerhaft spannten, so, als sollten sie nicht nur Ufer,
sondern auch Zeitalter miteinander verbinden. Die Fenster, die
bis zum Boden hinabreichten, standen offen; man hätte sich ohne
größere Anstrengung hinabstürzen können — eine Möglichkeit,
die Herr Zoelle vielleicht noch nicht bedacht hatte. Während er
telefonierte, sah ich hinüber zum Dachgarten, sah, wie ein Kellner
sich verdrossen vom Schachspiel erhob, ein Tablett aufnahm und
es zu uns hereintrug: Tee, Sandgebäck, Zigarren. 'Stärken Sie
sich', sagte Herr Zoelle, ohne den Telefonhörer aus der Hand zu
legen, und wir stärkten uns und brannten uns danach handliche
Zigarren an.

Herr Zoelle war zu weit von uns entfernt, als daß wir seine
Fragen und Antworten hätten verstehen können, ich erkannte
lediglich, daß er unerläßliche Gespräche führte, denn er schloß
seine Augen dabei und machte mit dem rechten Fuß Bewegungen,
als gelte es, einen brennenden Zigarettenstummel auszutreten.
Als er endlich zu uns trat, lächelte er. Er schien erfreut darüber,
daß wir den Tee getrunken, das gesamte Gebäck gegessen
hatten. Mit jäher Anerkennung reichte er Josef die Hand, übergab
ihm einige illustrierte Broschüren und Mitteilungsblätter und
sagte: 'Als alter Angehöriger unseres Betriebes werden Sie gewiß
unsere Arbeit mit Interesse begleiten; diese Schriften informieren
Sie über Neuanfang und Aufstieg.' Er schwieg. Es klopfte. Ein
Kassierer trat herein, verbeugte sich, kam mit vorbereiteter Zahlungsanweisung und einem Umschlag an unseren Tisch und wartete auf ein Zeichen von Herrn Zoelle, doch Herr Zoelle gab noch
nicht das Zeichen, er sagte vielmehr erfreut zu Josef: 'In unserer
Personalabteilung, die ich selbst einmal geleitet habe, geht nichts
verloren. Ihre Angaben treffen zu. Und nun darf ich Sie bitten,

zu unterschreiben: im Namen der Fabrik erhalten Sie für unvergessene Dienste eine einmalige Abfindung von zweihundertfünfzig Mark.'

Nun meine ich, daß man um so schneller unterschreibt, je höher der Betrag ist, und ich erwartete von Josef nichts anderes, als daß er den dargebotenen Kugelschreiber nahm, seine Unterschrift hinwarf und den Briefumschlag einsteckte. Doch zu unserer Überraschung erhob sich Josef, blickte hilfesuchend auf die Tür und sagte mit einnehmender Bekümmerung: 'Verzeihung, aber soviel Geld, das steht mir nicht zu. Ich möchte nur bitten um das, was verbucht ist. Un' verbucht sind zweiundneunzig Mark achtzig, wie ich weiß.' 'Lieber Freund', sagte Herr Zoelle wahrhaftig, 'diese Summe enthält eine Anerkennung Ihrer geleisteten Arbeit', worauf Josef, in beharrlicher Bekümmerung, entgegnete: 'So eine Anerkennung, die hab' ich nicht verdient, wirklich nicht. Nämlich ich war der Schlechteste an unserm Arbeitstisch. Somit möchte ich nur bitten um die Auszahlung des verbuchten Geldes.'

'Wenn Sie Ihre Arbeit selbst so einschätzen', sagte Herr Zoelle, 'dann betrachten Sie einfach diese Summe als besondere Form unseres Dankes.' Mir war es peinlich, ich nickte Josef auffordernd zu, doch er sagte mit unwiderlegbarer Trauer: 'Ich hab' Zeugen, die können bestätigen, daß ich keinen Dank verdien'. Somit möchte ich nur bitten um die Auszahlung des verbuchten Geldes.' Jetzt konnte ich einsehen, warum Herr Zoelle seufzte, selbst einen Moment hilfesuchend auf die Tür blickte, dann jedoch, mit hartnäckiger Güte, sagte: 'Warum sollen wir's verbuchen, zumal die verbuchte Summe die kleinere Summe ist?' Darauf sagte Josef: 'Was verbucht ist, mein' ich, hat aufgehört. Und ich möchte, daß mein Aufenthalt hier in der Fabrik ein Ende findet.'

Zum Zeichen, daß er entschlossen war, zu einem solchen Ende zu gelangen, legte er die brennende Zigarre mit hinweisendem Verzicht auf den Aschenbecher. Herr Zoelle blickte den Kassierer an, und der Kassierer verließ mit Zahlungsanweisung, Kugelschreiber und Briefumschlag das wohnliche Büro.

Wenn Herr Zoelle jetzt zwei Hilfskräfte gerufen, uns verab-
schiedet und obendrein verboten hätte, den Boden der Fabrik zu
betreten: ich hätte mich nicht gewundert; auch wäre ich nicht
erstaunt gewesen, wenn sich die zierliche, väterliche Erscheinung
über Josef sichtbar enttäuscht gezeigt hätte. Stattdessen bat er uns
um die Erlaubnis, zu telefonieren, schloß wieder die Augen, trat
wieder unsichtbare, brennende Zigarettenstummel aus, zerrte an
der Schnur, als wollte er ihr beweisen, daß sie zu kurz sei. Ihm war
anzusehen, daß er Mühe hatte, irgend jemanden zu überzeugen,
doch schließlich schien es ihm gelungen zu sein, er lächelte er-
leichtert, wandte sich uns zu und legte auf. 'Herr Tubacki', so
sagte er zu Josef, 'der Direktion ist es nicht verborgen geblieben,
daß ein Mitarbeiter aus alten Zeiten und gewissermaßen dunklen
Tagen heute in diesem Hause ist. Wir stehen zu der Verpflichtung
gegenüber unseren alten und ältesten Mitarbeitern. Wir erkennen ihre Leistung an. Wenn Sie sich einstweilen auch nicht entschließen können, die Abfindung anzunehmen, so hoffen wir
doch, daß Sie uns die Freude machen, vielleicht für zwei Tage in
unserem Gästehaus zu wohnen, das gerade fertig geworden ist.
Ihr Freund ist ausnahmsweise mit eingeladen.'

Schon zögerte Josef wieder, wand sich in Bekümmerung, und
er hätte auch diese Großherzigkeit mißverstanden, wenn ich ihm
nicht ein resolutes Signal auf den Beckenwirbel getrommelt hätte.
Mach schon, hieß das Signal, los, sag zu. Und da meinte Josef:
'Na, schön und gut. Aber die Karre, die können wir nicht über
Nacht vor dem Eingang parken, weil da ist Parkverbot.' Hilfsbereit erwiderte Herr Zoelle darauf: 'Ich werde meinen Chauffeur
schicken, er wird Ihr Gefährt neben dem Gästehaus parken, dort
haben Sie es jederzeit vor Augen.' Weil Josef schwieg, dankte ich
für dieses Angebot.

Herr Zoelle selbst führte uns zum Gästehaus, das, wie er sagte,
im Landhausstil errichtet sei und vierundzwanzig Gästen der Fabrik Platz bot. Er machte uns auf Gemälde aufmerksam, erklärte
uns das Klingelsystem, über das man Wünsche äußern konnte,

und übergab uns einem Hausmeister, der sich anbot, für unsere Bequemlichkeit zu sorgen. Da wir die einzigen Gäste der NGHW waren, erhielten wir das Zimmer, von dem aus man die Wasserspiele vor dem Hauptgebäude beobachten konnte. Weil das Josef gleichgültig zu sein schien, übernahm ich es wiederum, dafür zu danken. Dann waren wir allein.

Josef setzte sich. Ich brannte mir eine Zigarre an, von denen reichlich herumlagen, ging um Josef herum, der zu wissen schien, warum er jetzt schuldbewußt schwieg und ein Zucken unter dem Auge nicht loswerden konnte. Er saß ziemlich steif da und unzugänglich, hielt die Hände im Schoß gefaltet. So, wie ich mit Josef stehe, konnte ich nicht für mich behalten, was mich bewegte, also sagte ich: 'Beinahe das Dreifache haben sie dir angeboten, und du wolltest es nicht haben.' 'Wollen schon,' sagte er, 'aber können.' 'Und warum konntest du es nicht?' 'Der Herr war dagegen', sagte er. 'Ausdrücklich?' fragte ich. Und er darauf: 'Ausdrücklich; nämlich er hat gesagt: du sollst nicht begehren, Josef, was dir nicht zusteht. So hab' ich nicht unterschrieben.' 'Aber es ist Dir doch schwer gefallen', sagte ich. 'Der Herr hat's auch gemerkt', sagte er, 'darum hat er festgehalten meinen Arm.'

Ich sah ein, daß es zwecklos war, weiter mit Josef zu rechten, gegen den aufzukommen, der Josefs Arm festgehalten hatte, als es zur Unterschrift gehen sollte. Ich trat ans Fenster und sah zu, wie ein uniformierter Chauffeur mißmutig unsere Karre auf den Parkplatz schob, an unserer Fracht schnupperte, den Kopf schüttelte und sogar einen Ausdruck feinen Ekels zeigte, bevor er die Räder mit einem Stein blockierte. Sodann erfreute ich mich an den Wasserspielen und an dem bläulichen Glitzern der Mosaiken an dem Hauptgebäude, die — das erkannte ich erst jetzt — Stationen aus der Kulturgeschichte des Hutes darstellten. Ich bin ein ausdauernder Bewunderer und hätte die Zeit gern in müßigem Staunen zugebracht.

Aber die Direktion, der nicht nur unser Wohl, sondern wahrscheinlich auch unsere Kurzweil am Herzen lag, schickte einen wortkargen, feierlichen Menschen, der uns durch die Fabrik führen sollte. Ungewiß, was danach folgen würde, versah ich mich vorsichtshalber mit Zigarren, stieß den in brütender Trauer befangenen Josef an, und wir beide ließen uns zunächst die Duschräume zeigen, die Sporthalle, in der die Werksmannschaft trainierte, einen anmutigen Ziergarten sowie eine permanente Kunstausstellung, die nur Werke von Betriebsangehörigen zeigte. Nach einem kurzen Besuch der Kantine, in der uns eine Stärkung serviert wurde, betraten wir durch einen Lichthof das Hut-Museum, wo uns Kopfbedeckungen aus verschiedenen Jahrhunderten meinetwegen: gefangennahmen. Da lagen, in verschlossenen Glasvitrinen: eine phrygische Mütze und ein thessalischer Hut, der flache Binsenhut einer Römerin, ferner Lodenhüte aus grober Wolle, der sogenannte Gugelhut, den Jäger und Reisende im vierzehnten Jahrhundert trugen; Barette, die zuerst vom gesteiften spanischen, danach vom Rubenshut und schließlich vom breitkrempigen schwedischen Schlapphut verdrängt wurden. Vom Dreimaster bis zum Markgrafenhut: alles war vorhanden, und zum Schluß durften wir in eine erhöhte Vitrine blicken, die mit einer Alarmanlage gesichert war: in ihr lag eine braune, halbeiförmige Kappe, die Petrus beim Fischen getragen hatte. Gern hätte ich einige Fragen gestellt, doch die waltende Stille und das wortkarge Wesen unseres Führers hielten mich davon ab.

Josef, das merkte ich, drängte zu den Werkshallen hinüber, und als wir sie endlich betraten, ließ er mich mit unserem Führer allein, ging zu den Arbeitern an den Bürst- und Filzmaschinen, befragte sie, unterhielt sich mit Männern am Krempelzylinder und an der Enthaarungsanlage. Mit einem alten, verwachsenen Meister, der die Spindeln bediente, tauschte er Hand- und Schulterschlag, flüsterte mit ihm, zog noch einen zweiten Meister heran, während ich in Andeutungen erfuhr, daß die größte Filzfähigkeit die Haare der Ziege, des Hasen, der Bisamratte und der Fischotter garantieren; auch ließ ich mich über die Arbeit der Haarblasmaschine und über das Walken und Walzen unterrichten. Nachdem wir die

Hallen durchquert hatten und Josef wieder zu uns gestoßen war, überreichte uns unser Führer im Auftrag der Direktion zwei Hüte; Josef erhielt einen Velourfilz, ich einen wasserdichten Tuchhut. Danach wurden wir ins Gästehaus zurückgebracht, wo Josef enttäuscht seinen Hut auf den Tisch warf und sich so vernehmen ließ: 'Heutzutage, da können sie aber auch alles gebrauchen. Ich hab' gefragt, ob sie uns nicht die enthaarten Felle ablassen möchten. Möchten schon, sagten sie, aber die brauchen wir selber. Auch nicht aus Freundschaft, hab' ich da gefragt, worauf mein alter Meister nur sagte: Freundschaft, die wohnt im Walde. In der ganzen Fabrik, Valentin, gibt's keine Abfälle.'

Ich hatte mir schon gedacht, daß die Direktion ihre Verpflichtung uns gegenüber ernst nahm, uns zumindest nicht vergaß und dafür sorgte, daß es uns an nichts mangelte; deshalb war ich nicht verblüfft, als eine junge Zofe mit Blumen erschien, später mit Gesellschaftsspielen, und mein Erstaunen war nur mäßig, als Herr Zoelle selbst uns zum Essen abholte. Man legte großen Wert darauf, daß wir uns nicht einsam fühlten. Man trank Josef zu. Man lud ihn ein, die Werksmannschaft beim Training zu beobachten, und ich glaube heute noch, daß der Werkschor der NGHW nur seinetwegen zusammentrat. Wie pfleglich und bedacht man uns behandelte, mag außerdem daraus hervorgehen, daß Herr Zoelle, kurz bevor er sich zur Nacht von uns verabschiedete, überraschend Füllfederhalter und Zahlungsanweisung aus der Tasche zog, beides Josef hinhielt und sagte: 'Vielleicht haben Sie es sich überlegt mittlerweile: wir sind immer noch bereit, Ihnen die erwähnte Abfindung auszuzahlen.' Ich meine, da hätte Josef die Unterschrift schon aus Dankbarkeit gelingen müssen. Er aber wand sich in Bekümmerung, sein Augenlid zuckte heftig, und er sagte: 'Verzeihung, Herr Zoelle, Vergebung und Verzeihung, aber ich möchte nur bitten um die Auszahlung des verbuchten Geldes.'

Wäre ich da Herr Zoelle gewesen, ich hätte Josef genau so argwöhnisch und wachsam angesehen, und wahrscheinlich hätte ich auch meinem Mißmut Lauf gelassen und festgestellt: 'Sie wissen doch, welch ein Aufwand zu jeder Verbuchung gehört. Und außerdem wäre dies ein Präzedenzfall: andere könnten sich darauf berufen.'

'Siehst du', sagte ich zu Josef und fügte hinzu: 'Versteh doch, was man von dir erwartet.' Josef schüttelte resigniert den Kopf. Er nahm beide Hände auf den Rücken, suchte festen Stand für seine Sandalen, drückte in mehrfacher Hinsicht mühsame Weigerung aus. Er bestand auf Verbuchung, auch wenn andere sich darauf berufen könnten. Herr Zoelle steckte unentmutigt, wenn auch rasch, Füllfeder und Zahlungsanweisung weg und sagte: 'Na, morgen ist ja auch noch ein Tag.' Danach wünschte er uns eine gute Nacht und ging. Ich unterließ es, Josef zu beeinflussen, weil ich längst gemerkt hatte, unter wessen unüberwindbarem Einfluß er bereits stand. 'Dann schlaf mal gut', war alles, was ich sagen konnte, wobei ich für mich fest auf Josefs rechnerischen Sinn vertraute, der sich zu gegebener Zeit melden würde.

Vielleicht hätte Herr Zoelle nach dem Frühstück den Versuch machen sollen, Josef zur Unterschrift zu veranlassen; denn nach dem Genuß duftenden Weißbrots, verschiedener Konfitüren und einer Platte Butterkuchen erschien Josef mir besonders mild, versöhnlich, nachgiebig. Nach dem vollkommenen Frühstück, das die junge Zofe uns serviert hatte, war er weich, will ich meinen, doch Herr Zoelle erschien nicht, wurde die Chance nicht einmal gewahr, da er uns nur seinen Chauffeur schickte mit dem Auftrag, uns in den Hafen zu fahren. Dort erst trafen wir ihn, zierlich und forsch, an Bord des Motorschiffes 'Bürgermeister Poppe', das für einen Betriebsausflug gemietet war. Das Schiff hatte über die Toppen geflaggt, ein werkseigenes Jazz-Quartett hatte sich auf dem Achterdeck eingerichtet, auf der Brücke war ein Mikrophon installiert. Herr Zoelle begrüßte jeden persönlich, das muß gesagt werden, vom geringsten Bürstenarbeiter bis zum Filzmeister gab er jedem die Hand, und nachdem mehr als vierhundert Betriebsangehörige an Bord waren, gab er auch das Zeichen, die Leinen loszuwerfen. Die Fahrt ging elbabwärts.

Fröhlich sein: das konnten die Angehörigen der Norddeutschen Groß-Hutwerke; ihr Lachen, ihr Gesang, auch ihr eindrucksvolles Jauchzen begleiteten die Fahrt, wurden vom Wind über die Elbe getragen, brachen sich an den lautlosen Wohnhängen von Blankenese. Da blieb manch einer auf der Elbuferpromenade stehen und schaute, wenn nicht neiderfüllt, so doch betroffen zu uns herüber, zu dem bewimpelten Schiff, dessen Fracht an diesem Tag nichts anderes war als Fröhlichkeit. Von aufkommenden Tankern, Schleppzügen, selbst von einem Kran winkten uns Männer zu. An Bord selbst wurde nicht nur ein Ereignis durch das andere abgelöst, sondern einwandfrei übertroffen: so wurde das zweite Frühstück durch das Mittagessen übertroffen, der Vormittagstanz durch den Tanz zur Kaffeepause, die Reden der Abteilungsleiter durch die Rede von Herrn Zoelle. Auch Josef steigerte sozusagen sein Verhalten: Hatte er zunächst nur mit seinen ungleichen Sandalen den Takt zur Musik geklopft, so ließ er sich jetzt mit einer bewährten Walzarbeiterin auf der Tanzfläche sehen, hielt sie da in sicherem Griff und ließ sich mit ihr fotografieren.

Den Höhepunkt des Ausfluges aber brachte die Rückreise. Querab von Glückstadt geschah es: Die Maschinen wurden gestoppt, vielleicht auch nur auf kleine Fahrt gestellt, jedenfalls querab von Glückstadt wurde um Ruhe gebeten, Herr Zoelle trat ans Mikrophon, nur der Wind verstummte nicht in den Wanten, und dann sprach Herr Zoelle. Er wollte nicht viel sagen, er wollte danken. Von der Brücke herab verteilte er den Dank der Direktion an die verdienten Mitarbeiter: 'Wo wären wir ohne die Leistungen der alten Mitarbeiter', rief er aus, und davon durften sich viele betroffen fühlen. Einige, die namentlich aufgerufen und zur Brücke gebeten wurden, erhielten sodann Anerkennungsgeschenke, Taschenuhren mit vergoldetem Sprungdeckel, und ich war ergriffen und so, als plötzlich Josefs Name genannt wurde, als man ihn heraufbat und ihm die Uhr aushändigte im gewagten Licht der Abendsonne über der Elbe. Erst als meine Handflächen zu brennen anfingen, merkte ich, wie ich klatschte, so tief hatte mich Begeisterung ergriffen. Die Walzarbeiterin ging so weit, Josef auf die Wange zu küssen. Ich meine, mit den wenigen fühlten sich alle ausgezeichnet, dies und gemeinsamer Gesang auf der Heimfahrt führte uns zusammen, so daß ich ganz für mich mit dem Gedanken spielte, bei einer Verschlechterung meiner Lage, eine Arbeit in den NGHW anzunehmen.

Zumindest erfüllt, Wind im Haar und mit redlicher Erschöpfung kehrten wir zurück und genossen die Flasche Burgunder, die uns die Zofe aufs Zimmer gestellt hatte. Josef hatte sich aufs Bett geworfen, ich überließ mich meiner zufriedenen Erschöpfung in zwei gegeneinander geschobenen Sesseln. Schweigend rauchten wir unsere Martha-Magellani, eine Brasil extra, von der, wie ich mich überzeugt hatte, auch im Nebenzimmer reichlich herumlagen. 'Da kann man sehen', sagte ich zu Josef, 'Betriebstreue.' Und er antwortete: 'Alles mit Hüten, Valentin.'

Liegend wollte er mir zutrinken, als es forsch an die Tür klopfte, und ohne daß wir Herein gesagt hätten, trat Herr Zoelle ein, winkte uns ein Um-Gotteswillen-bleiben-Sie-liegen zu, prüfte lächelnd unseren Zustand. Er sah schnell ein, daß unsere Zufriedenheit uns ganz widerstandslos gemacht hatte, darum griff er nach einigen beiläufigen Vorfragen in die Tasche, zog, ohne mich zu überraschen, Füllfeder und Zahlungsanweisung heraus, näherte sich dem liegenden Josef und sagte: 'So. Und zum Abschluß dieses Tages erhalten Sie, lieber Herr Tubacki, Ihre wohlverdiente Abfindung.'

Diesmal hatte ich wirklich damit gerechnet, daß Josef handeln würde, wie man's von ihm erwartete, er, der ehrend erwähnt, der beschenkt und ausgezeichnet worden war, hätte sich doch endlich auch zu einer Gefälligkeit bereitfinden müssen, doch anstatt zu unterschreiben, verbarg er krampfhaft seine Hände auf dem Rücken, warf den Kopf abwehrend zur Seite, krümmte sich wohl auch und sagte: 'Unmöglich, ach Gott Jesus, rein unmöglich.' 'Warum denn nur?' fragte Herr Zoelle. 'Ich kann doch nur's Geld nehmen, das verbucht ist', sagte Josef. Da trat, möchte ich mal sagen, Herr Zoelle aus sich heraus und stellte fest: 'Verbuchen heißt: offiziell anerkennen, heißt: ein Beispiel geben. Wenn wir so verfahren, wie Sie es wünschen, geben wir ein Beispiel für viele andere. Verstehen Sie?' Josef sagte nicht, ob er verstand. Er wiederholte: 'Sind doch nur zweiundneunzig Mark achtzig, da hab' ich Anspruch darauf, und was mehr ist, da ist der Herr dagegen.' 'Darf ich feststellen', fragte Herr Zoelle sachlich, 'daß es Ihnen unmöglich ist, auf unser großzügiges Angebot einzugehen?' Josef nickte bekümmert. 'Unmöglich,' flüsterte er, 'aber es fällt nicht leicht, und ich möchte vielmals bitten um Vergebung.' 'Heißt das', so vergewisserte sich Herr Zoelle, 'daß es Ihnen auch unmöglich bleiben wird?' 'Wird bleiben', flüsterte Josef, 'aber wird nicht leicht sein.'

Nachdem Josef das gesagt hatte, gab es für Herrn Zoelle einfach keinen Grund, zu grüßen, bevor er das Zimmer verließ, auch konnte ich verstehen, daß er blicklos an unserer Karre vorbeiging, die wohlblockiert auf dem Parkplatz des Gästehauses stand. Er verschwand und trug seine sprachlose Enttäuschung zum Hauptgebäude hinüber. Ich trat ans Fußende des Bettes, in dem Josef sich immer noch krümmte, sah lange auf meinen Gefährten hinab und dachte: man müßte einen Schmalfilm von ihm drehen und ihm dann im Bild zeigen, wie er sich verhält, einmal und noch einmal und immer wieder: das würde ihn vielleicht zur Einsicht bringen. Mein Gute-Nacht-Wunsch blieb aus.

Ich schlief unruhig, und meine Unruhe behielt recht: denn am nächsten Morgen erschien nicht die junge Zofe mit Weißbrot, Konfitüren und warmem Butterkuchen, sondern es erschienen gleich der Hausmeister und die Zofe, und während der Hausmeister uns eröffnete, daß das Zimmer nicht mehr frei sei, begann die Zofe, mit wortloser Verbissenheit die Betten abzuziehen. Wo das geschieht, bleibt man nicht gern. Wir schlenderten auf den Hof. Wir prüften die Fracht unserer Karre, als der elegante Pförtner aus dem Hauptgebäude zu uns kam und uns bat, das Zimmer zweihundertvier aufzusuchen. Ich dachte, so wird sich doch noch alles wenden, und ich sprach dringend auf Josef ein, mahnte ihn, entwarf flüchtig eine freundliche Vision für die Zukunft: Gummiräder für unsere Karre, eine verbreiterte Ladefläche, Abteilungen für verschiedene Funde. Ich ergriff seine Hand und hörte nicht auf, zu sprechen. Er wand sich ganz schön, und auf einmal, mit Tränen in den Augen, erwiderte er den Druck meiner Hand, wandte mir sein rundes, trauriges Gesicht zu und sagte: 'Dann aber nur für dich, Valentin. Für dich werd' ich unterschreiben.' Das war mein schwierigster Sieg.

Zuversichtlich betraten wir das Zimmer zweihundertvier. Wir wurden bereits erwartet. Der Mann mit der spezial geschliffenen Brille erhob sich, lächelte gequält wie ehedem, kam heran und blätterte Josef etwas in die Hand, wobei er vergaß, ihm einen Kugelschreiber zu reichen. Er zögerte erst eine Weile, ehe er sagte: 'Ihre Papiere. Wir haben sie herausgesucht. Nach den letzten Angaben stehen Ihnen zweiundneunzig Mark achtzig zu. Auf der andern Seite haben Sie zuletzt nicht entrichtet: Wehrsteuer, Spenden für OG, WHW, NLP, die Reichssondersteuer und die Kriegssteuer, macht zusammen einhunderteine Mark und fünfundvierzig Pfennig. Demnach schulden Sie dem Werk acht Mark, fünfundsechzig Pfennig.' Josef durfte die Papiere als Belege behalten.

Da Zahlen für sich sprechen, brauchten wir uns nicht länger aufzuhalten, wir gingen nach draußen, nahmen die Sonne auf die Schulter, ich spannte mich vor die Karre, und Josef trat zwischen die Schubstangen. Man sage nicht, da sei ein Fehler in der Rechnung gewesen; noch während wir hinausrollten, überlegte sich Josef, in welcher Form er das Geld überweisen wollte. Als wir am Pförtnerhaus vorbeirollten, stand da so ein schüchterner Kumpel und redete, und wir hörten ihn tatsächlich sagen: 'Alte Ansprüche, alte Ansprüche.' Da rechnete ich damit, daß Josef anhalten würde, doch der stetige Schub von hinten hörte nicht auf.

HANS ERICH NOSSACK

Born in 1901 in Hamburg, Hans Erich Nossack studied at the University of Jena. He had a number of occupations and experiences before taking up work within his father's business, because he was forbidden to publish, being regarded from 1933 to 1945 as an 'undesirable author'. The loss of his unpublished manuscripts in the air-raid on Hamburg in July 1943 meant that he had to make a completely new beginning in order to continue imaginative work. He describes this catastrophe and the sense of loss of his own past in 'Der Untergang', originally published in the volume of stories *Interview mit dem Tode* (1948: with the title *Dorothea* in a subsequent edition). The visionary novel *Nekyia. Bericht eines Überlebenden* appeared in 1947. *Spätestens im November* (1955) contrasts, from the point of view of a woman in love, the businessman with the writer who rejects commitment to society. *Der jüngere Bruder* (1958) describes the impact of Germany in 1949 upon a man who returns there after a long absence. In *Nach dem letzten Aufstand* (1961) a rigid and repressive governmental system is shown during the period shortly before it is to be swept aside by a new form of society which, however, still offers little possibility of independence for the individual.

The 'novel of a sleepless night', *Spirale* (1956) contains, with other narratives, 'Unmögliche Beweisaufnahme' where the protagonist believes that the edge of the accepted world has been reached, and that he has been close to the realm 'in which no form of insurance is valid'. The story 'Helios GmbH' is taken from the collection of tales *Begegnung im Vorraum* (1963). Another work in this volume, 'Der Neugierige', recounts the point of view of a fish which becomes a pioneer among its kind in venturing to the world above sea-level, and thus breaking through to a new and radical challenge. The drama *Die Hauptprobe* (1956) is a 'tragic burlesque' on the theme of the prodigal son, while another play, *Ein Sonderfall* (1963), portrays a married couple and their reactions to routine, convention and the unexpected. The story *Das kennt man* (1964) takes place in a Hamburg where below an apparently everyday surface there is an undercurrent of the ominous. The author has published a number of essays in the volume *Die schwache Position der Literatur* (1966). The relationship of the intellectual to the state ('Wir Intellektuelle') is seen in the following terms:

Das Engagement des Intellektuellen dem Staat gegenüber besteht darin, darüber zu wachen, daß der Staat nicht überhandnimmt und das Mittel sich als Zweck gebärdet. Es ist letzten Endes ein Kampf gegen die Tendenz zur Abstraktion, die allen Gesellschaftsordnungen und Ideologien eignet.

In the essay 'Menschliches Versagen' he comments on the aim of the writer:

Dem Schriftsteller kommt es nie in erster Linie auf das Thematische an, auf das, was gesagt wird, sondern ganz unmittelbar immer darauf, warum es gesagt ist und warum es *so* gesagt wird.

Literature, he says in 'Proligio', has value and justification in so far as it is an expression of humanity that transcends the topical, everyday problems. Man is a being 'dem die einzigartige Gabe verliehen ist, Zwiesprache mit sich selber zu üben'. A writer may well be allowed negative criticism of existing society; this approach is of positive value if it helps to save the reader from 'dem Schlinggewächs seiner Ideologien'. For today mankind is faced by the danger of a relapse into an ant-like condition:

Die unscheinbaren, leisen menschlichen Handlungen und Regungen sind einem Schriftsteller wichtiger als sämtliche Prophezeiungen über die Zukunft des Menschen.

HELIOS GMBH

Peter Gartzin fand eines schönen Sonntagmorgens einen Brief unter der Geschäftspost, der ihn aus der Fassung brachte. Nicht für lange, das war auch nicht möglich, doch immerhin so, daß er den Brief unwillig beiseite schob und, obwohl er allein war, laut vor sich hinsagte: Unerhört! Daran merkte er erst, daß ihn etwas aus der Fassung zu bringen drohte, und das durfte nicht sein. Da er ein Mann von raschen und klaren Entschlüssen war, kam ihm natürlich sofort der Gedanke, die Angelegenheit seinen Anwälten zur Erledigung zu übergeben; Anwälte sind ja zur Verschwiegenheit verpflichtet. Aber dann kamen ihm Bedenken. Kann ich mir das leisten, fragte er sich. Und mit wem soll ich sonst darüber sprechen? Die Leute werden sagen: Wie interessant! Und wir sind doch die Nächsten, die das wissen müssen. Ja, gewiß, sie sind die Nächsten, und es mag auch recht interessant für sie sein, aber lieber nicht.

Und das ausgerechnet an einem Sonntagvormittag! Peter Gartzin fühlte sich wohl vor allem deshalb persönlich gekränkt, denn daß er wirklich aus der Fassung geriet, sei es auch nur für einen Augenblick, ist kaum vorstellbar; es ist beinahe unerlaubt, so etwas auch nur anzunehmen. Hatte man mit ihm zu tun, und selbst wenn es sich um Geld handelte, so stieg man vielleicht noch die Treppe des Kaufhauses zögernd und mit einiger Verlegenheit hinauf und memorierte dabei stotternd sein Anliegen, aber das gab sich sofort, wenn die Vorzimmerdame mit herzlichem Lächeln und den Worten: 'Herr Gartzin erwartet Sie' die Tür zum Privatkontor öffnete und man sah ihn hinter seinem Schreibtisch sitzen wie einen väterlichen Freund, dem man sich anvertrauen durfte, ein Bild wohlwollender Sicherheit und voll warmer Anteilnahme an den kleinen Sorgen des Besuchers. Auch wenn er dann schließlich sagte: 'Ich werde es mir überlegen', was doch zweifellos eine Ablehnung bedeutete, so verließ man ihn keineswegs enttäuscht, sondern befriedigt und geschmeichelt und ein klein wenig

beschämt, dem reichsten und angesehensten Mann der Stadt so viel
Zeit geraubt zu haben. Vor Jahr und Tag hatte man ihn anläßlich
der Gründungsfeierlichkeiten einer der Stiftungen, die er zu machen pflegte, die Seele des wirtschaftlichen Aufschwungs unserer
Provinz und ein Beispiel selbstlosen Gemeinsinns genannt, und
obwohl Herr Gartzin solche Worte wie 'Seele' und 'selbstlos' als
unsachliche Zeitungsphrasen nicht schätzte — in den Prospekten
des Kaufhauses und des von ihm weithin über das Land ausstrah-
lenden Kettenlädensystems der Helios GmbH hätte Herr Gartzin
derartiges als einen Versuch, das Vertrauen der Käufer zu täuschen, niemals geduldet, und jeder Werbetextler, der mit solchen
Vorschlägen käme, würde sich der Gefahr aussetzen, als unfähig
entlassen zu werden —, so verpflichtete doch andererseits der Ruf,
den man in der Öffentlichkeit genoß, und es nützte auch dem
Unternehmen; kurz, man mußte sich danach richten, es wäre
sträflicher Leichtsinn gewesen, den Ruf und damit die allgemeine
Sicherheit durch eine nicht angemessene Haltung in Frage zu
stellen. Nur so muß auch die in der Stadt vielgerühmte Bescheidenheit verstanden werden, mit der sich Herr Gartzin der wieder-
holten Bitte seiner Mitbürger entzog, als Abgeordneter des Landes
für das Parlament zu kandidieren, und dabei stand doch ein
Wahlsieg ganz außer Zweifel, aber mit bewundernswerter Folgerichtigkeit bedachte Herr Gartzin, daß sich für die schwankende
und von kurzlebigen politischen Einflüssen abhängige Tätigkeit
eines Parlamentariers genügend andere Leute finden und dafür
bezahlen ließen, während es doch leicht einen unreellen Schatten
auf die geradezu geschichtslose Solidität der Helios GmbH wer-
fen könnte, wenn ihr Gründer und Direktor, statt seine ganze Zeit
dem Unternehmen zu widmen, sich unter Parlamentariern her-
umtrieb. Schließlich war das Kaufhaus nicht nur rein baulich
durch seine Höhe ein Wahrzeichen unserer Stadt, sondern die
Umsätze und Bilanzen des Konzerns — und das wiederum zum
Ruhme unserer Stadt — rückten von Jahr zu Jahr immer mehr an
die erste Stelle in den Konjunkturberichten des gesamten Landes,

und das war doch, wie jeder einsehen muß, eine Tatsache, die mehr galt, als eine noch so zündende Rede im Abgeordnetenhaus, die für einen Tag die Gemüter der Zeitungsleser beschäftigt. Nein, Peter Gartzin war ein Begriff, an dem nicht gerüttelt werden durfte.

Auch sonntagmorgens war er ein Begriff für die Stadt. Pünktlich halbzehn verließ er sein Haus und machte sich zu Fuß, bei annehmbarem Wetter wenigstens, auf den Weg zum Kaufhaus. Man möchte sagen, daß man seine Schritte in den noch sonntäglich leeren Straßen vernahm, doch das stimmt nicht, denn sein Gang war sehr leise, ohne jede Hast und etwas plattfüßig. Trotzdem wurde der einsame Fußgänger von vielen Spätaufstehern hinter der Gardine beobachtet, und es hieß dann: Da geht Direktor Gartzin. Es ist Zeit, daß wir uns für die Kirche fertig machen. Er selber kam nur ganz selten dazu, sich in der Kirche sehen zu lassen, vielleicht zweimal im Jahr, aber niemand hätte gewagt, ihm deswegen Vorwürfe zu machen; es war so viel wichtiger, auch für die Kirche selbst, daß Herr Gartzin sonntagvormittags in seinem Privatkontor saß, statt im Gottesdienst. Außerdem repräsentierte dort seine Frau für ihn. Um zwölf holte ihn dann seine Tochter Ina in dem kleinen Sportwagen ab, den er ihr zum siebzehnten Geburtstag geschenkt hatte, und so hatte alles seine Ordnung.

Auf diese beiden Stunden des Alleinseins hätte Herr Gartzin nur ungern verzichtet; es waren Stunden der Sammlung. Nur der Wächter des Kaufhauses begrüßte ihn und erlaubte sich eine Bemerkung über das Wetter, sonst aber war alles still in dem alltags so geschäftigen Gebäude. Auf dem Schreibtisch lag die eingegangene Post, und Herr Gartzin konnte seine Entscheidungen treffen, noch bevor die Prokuristen und Abteilungsleiter die Briefe gelesen hatten. Was wird der Alte wohl wieder ausgeheckt haben, pflegten diese untereinander zu sagen, wenn sie montagmorgens ihre Hüte an den Garderobenhaken hängten. Es wurde einmal behauptet, und es war als Witz gemeint, daß der großartige Erfolg

des Unternehmens einzig und allein auf diese beiden Stunden am
Sonntagvormittag zurückzuführen sei, doch im Grunde ist das
nicht übertrieben.

Insofern muß es als ein Glück betrachtet werden, daß Herr
Gartzin den Brief, der ihn zu dem Ausruf 'Unerhört!' veranlassen sollte, zuletzt las. Er hatte ihn nämlich beiseite geschoben, da
er ihn für einen Marktbericht oder eine Offertliste hielt, denn dem
Poststempel nach kam der Brief aus der großen östlichen Hafenstadt N., und Marktberichte konnte man auch mit nach Haus
nehmen und nachmittags in aller Ruhe durchlesen. Aber es war
kein Marktbericht, es war der Brief eines Anwalts namens Wendlow. Wendlow? Wendlow? Nie gehört. Was will der Kerl von
mir?

Der Brief lautete: 'Sehr geehrter Herr Gartzin! In dem Mit-
teilungsblatt des Verbandes ehemaliger Akademiker las ich gestern
die Nachricht, daß Sie von der Universität Ihrer Stadt in Würdigung Ihrer Verdienste um dies junge Institut zum Ehrendoktor
ernannt wurden, wozu ich Ihnen meine aufrichtigen Glückwün-
sche auszusprechen nicht verfehlen möchte. Aber das ist nicht der
Grund meines Schreibens. Ihr Name hat mich an meinen Jugendfreund Alfred Gartzin erinnert und damit zugleich an eine leider
immer noch unerledigte Angelegenheit, mit der er mich betraut
hat. Da ich nicht weiß, ob Sie mit ihm verwandt oder vielleicht
sogar sein Sohn sind, so wie es mir auch unbekannt ist, ob er noch
am Leben ist — er müßte dann heute in meinem Alter, also über
achtzig sein —, gebe ich Ihnen nachfolgend einige Daten, die es
Ihnen ermöglichen sollen, die evtl. Zusammenhänge zu überprüfen und gegebenenfalls daraufhin die Ihnen rechtlich zustehenden
Ansprüche zu erheben. Ich bin selbstverständlich zu weiteren und
präziseren Auskünften bereit, nur müßte ich Sie wegen meines
hohen Alters sehr bitten, daß Sie dieselben möglichst bald bei mir
einholen. — Alfred Gartzin ist meines Wissens ebenso wie ich in
Wallburg geboren, damals noch ein äußerst ärmlicher Vorort
unserer Stadt; dorther zu stammen, war in jenen längst vergesse-

nen Zeiten alles andere als eine Empfehlung. Inzwischen hat sich das durch den wirtschaftlichen Aufschwung unseres Landes und das überwältigende Anwachsen der Stadt N. geändert. Das alte Wallburg wurde als Slums niedergerissen und ist heute ein zentraler Stadtteil mit vielstöckigen, modernen Bürohäusern. Falls Ihnen das bekannt sein sollte, bitte ich um Verzeihung für meine Weitschweifigkeit. Die Familien Gartzin und Wendlow wohnten Haus an Haus. In der Tat waren es mehr Baracken als Häuser. Heute würde die Gesundheitsbehörde solche Behausungen nicht mehr dulden, aber damals wußte man es nicht anders. Beide Familien waren, wie es in jenen Zeiten Sitte war, mit vielen Kindern gesegnet, jedoch auch mit viel Trauerfällen. Ich habe meinem Vater nur zu oft bei der Anfertigung von Kindersärgen helfen müssen, es gehörte beinahe zu den Lebensgewohnheiten, über die man kaum ein Wort oder eine Träne verlor. Die Bretter für diese kleinen Särge, um die Wahrheit zu bekennen, stahl ich als Junge, und niemand fand etwas dabei. Ich erwähne das nur, da ich mit Alfred Gartzin meistens gemeinsam auf solche Raubzüge ging und da ich vermute, daß es in seiner Familie nicht anders herging als bei uns. Mein Vater war Vorarbeiter in einem der Kaischuppen des Hafens und verstand deshalb einiges von Schreinerarbeiten. Was der alte Gartzin war, habe ich vergessen. Möglicherweise war er Arbeiter in einer Trikotagenfabrik, denn es will mir in der Erinnerung so scheinen, als wäre meine Mutter zuweilen zu den Gartzins hinübergegangen, um für uns dort billige Kleidungsstücke zu beschaffen, vielleicht Ausschuß oder fehlerhafte Ware, die der Mann aus der Fabrik mitbrachte, wogegen mein Vater beschädigtes Obst und sonst unverkäufliche Nahrungsmittel anbieten konnte, die ihm im Hafen aus geborstenen Kisten und Ballen zufielen. Das alles ist jedoch sehr unsicher, und ich könnte es nicht beschwören; es ist auch nicht weiter wichtig für mein Anliegen. — Beide Familien waren damals erst seit höchstens einer Generation im Lande und von Osten her über das Meer eingewandert; wenn auch wohl aus völlig verschiedenen Gegenden in

jenem Osten, so verband sie doch die Herkunft aus der gleichen
Himmelsrichtung. Was sie aber weit mehr verband, möchte ich
heute in meinem Alter und auf diese kaum mehr glaubhaften Verhältnisse zurückschauend sagen, war das gemeinsame Elend. Ich
wage auf Grund einer Äußerung meines Freundes Alfred Gartzin
sogar zu behaupten, daß dieses Elend unsere wahre und einzige
Heimat war, an die wir später mit wehmütiger Liebe zurückdach-
ten. Das alles dürfte Sie langweilen; es sind im Munde eines Juristen auch sträfliche Worte. Haben Sie Nachsicht mit einem alten
Mann, der die Welt nicht mehr lange mit seiner ungültigen Meinung belästigen wird. — Mit Alfred spielte ich schon als kleines
Kind. In dem Zaun aus morschen Latten und Kistendeckeln gab
es ein Loch, durch das wir zueinander krochen. Doch ich will mich
kürzer fassen. Wir mußten beide, schon vor Beginn der Schul-
zeit, Geld verdienen. Wir sammelten Abfälle, Knochen und
Schrott, wofür wir ein paar Pfennige vom Trödler erhielten, die
wir zu Haus ablieferten. Das galt als selbstverständlich. Später
trugen wir auch Zeitungen aus und anderes mehr. Nach der Schul-
zeit verloren wir uns für ungefähr zwanzig Jahre gänzlich aus den
Augen. Ich fing als Botenjunge in einer Anwaltsfirma an und geriet so auf die juristische Laufbahn. Alfred ging bei einem Kaufmann in die Lehre. Wir schrieben uns nicht; auf den Gedanken,
daß man sich schreiben könnte, wäre wohl keiner von uns gekommen, auch fehlte es uns an Zeit für Briefe. Und Ferien, in
denen wir uns hätten begegnen können, gab es damals für uns
noch nicht. Erst nachdem wir es beide zu etwas gebracht hatten,
trafen wir uns wieder. Ich war Teilhaber einer Anwaltsfirma und
Alfred Gartzin war Fondsmakler geworden. Er hatte einen sehr
guten Ruf an der Börse, einen Ruf ganz besonderer Art, wie er
schon damals selten war und heute im Zeitalter der Fernschreiber
und anonymen Auftragserledigung überhaupt ganz unbekannt ist.
Es hieß von ihm, daß er seinen Kunden niemals zu einem Geschäft
riet, nur um einen Abschluß mehr zu vermitteln, und daß er, ohne
an die ihm zustehenden Provisionen zu denken, alle Aufträge ab-

lehnte, die als wilde Spekulationen mit raschem Gewinn bezeichnet werden konnten. Dabei hatte er selber den Grundstock seines Vermögens durch eine gewagte Spekulation gelegt, soviel ich weiß, denn darüber sprach er kaum. Überhaupt war er sehr still und verschwiegen, doch das gehörte zu seinem Beruf ebenso wie zu dem meinigen. Er war vielleicht nicht das, was man reich nennen würde, aber er verfügte über ein sehr gutes und sicheres Einkommen. Er besaß ein nicht übermäßig großes, modernes Haus im Villenvorort Kliffhausen, dort lebte er mit seiner Frau und einem Kinde. Sein Büro hatte er in der Stadt. — Das alles ist schon wieder vierzig Jahre her. Ich wollte mich damals selber in Kliffhausen ankaufen und besah mir eines Sonntagnachmittags die Grundstücke, die mir angeboten wurden. Da traf ich rein zufällig meinen alten Freund, und er beriet mich bei meinem Kauf sehr zu meinem Vorteil. Dafür hatte ich dann später Gelegenheit, ein paar unbedeutende Rechtsfälle für ihn zu regeln. Wir sahen uns eigentlich nur in meinem Büro, wenn er etwas mit mir zu besprechen hatte, und natürlich hin und wieder auf der Straße in Kliffhausen, aber privat verkehrten wir nicht miteinander. Ich hatte ihm mit meiner Frau einen Besuch gemacht und er hatte den Besuch mit seiner Frau erwidert, doch zu mehr kam es nicht. Einen Grund wüßte ich nicht dafür anzugeben. Wenn meine Frau noch am Leben wäre, würde ich sie fragen, denn es könnte ja sein, daß die beiden Frauen sich nicht gefielen, doch ich glaube das nicht einmal. Wahrscheinlich waren wir beide allzu sehr von unseren Berufen in Anspruch genommen. Allerdings täusche ich mich wohl kaum, wenn ich sage, daß Alfred Gartzin sehr ungeselliger Natur war; auf diese Eigenart nahm ich selbstverständlich Rücksicht, obwohl sie mich an ihm wunderte, da ich ihn als Kind gekannt hatte. Ich glaube, er hatte außer mir keinen Freund, trotz seiner geschäftlichen Beliebtheit. Er fragte mich einmal nach einer kurzen Besprechung in meinem Büro — er war bereits aufgestanden, hatte den Hut schon aufgesetzt und den Türgriff in der Hand —, und die Frage hatte nicht das geringste mit unserm

Geschäft zu tun: "Gefällt es dir in Kliffhausen?" Er fragte es so
nebenbei, daß ich unmöglich mehr hinter der Frage vermuten
konnte. "Ja", antwortete ich, "ich hätte nie zu hoffen gewagt,
daß wir es einmal so weit bringen würden." Und das war auch
wirklich meine Meinung. Manchmal, wenn ich sonntags im Gar-
ten arbeitete und blickte auf mein Haus und auf die Veranda mit
den Blumen und Liegemöbeln und sah meine Frau dort sitzen und
hörte die Kinder irgendwo hinten spielen, schien mir das alles
kaum glaubhaft und eher wie ein Bild, das man in einer Illustrier-
ten bestaunt. Davon wußte natürlich kein Mensch etwas; es waren
Gedanken, die sich für einen Juristen nicht ziemten, und außerdem soll hier nicht von mir die Rede sein, entschuldigen Sie. Mein
Freund Alfred stand eine Weile an der Tür, die Augen auf den
Fußboden gerichtet, als ob ihn das Muster des abgetretenen Büro-
teppichs interessiere. Es war ein quadratisches Muster; wenn ich
einen Schriftsatz diktierte, bemühte ich mich, die Quadrate abzu-
schreiten, ohne auf die Linien zu treten, so ähnlich wie bei dem
Spiel "Himmel und Hölle", das die Kinder auf der Straße spielen.
Ja, ich sehe meinen Freund noch da an der Tür zögern und jetzt
nach vierzig Jahren, wo es zu spät ist, höre ich die winzige, stum-
me Pause und werde stutzig. Doch ich bitte Sie, sehr geehrter
Herr Gartzin, mir keinen Vorwurf deshalb zu machen, weil ich
die einzige intime Frage eines Freundes damals überhörte; auch
wenn ich damals aufmerksamer gewesen wäre, dürfte das wohl
schwerlich Einfluß auf seine Pläne gehabt haben. Er sagte dann
nur, und lächelte dabei ein wenig: "Ja, da hast du recht", und ging
fort. — Ich komme nun endlich zu dem Anliegen, das mich an Sie
schreiben läßt. Einige Zeit danach erzählte meine Frau mir beim
Abendessen, daß das Gartzinsche Haus zum Verkauf stände; in
solchen Villenvororten bleibt ja nichts verborgen, der Milchmann
oder die Bäckersfrau tragen die kleinen Neuigkeiten herum. Ich
wunderte mich natürlich darüber, machte mir aber weiter keine
Gedanken. Es konnte ja sein, daß mein Freund ein Grund-
stück gefunden hatte, das ihm mehr zusagte. Das alles war nicht

meine Sache, und ich hatte kein Recht, von ihm zu verlangen, daß er mich vorher davon benachrichtigte. Ich habe ganz zu erwähnen vergessen, daß die Zeit unseres Wiedersehens sehr kurz war, zwei Jahre, glaube ich, höchstens drei; das ist schwer nachzurechnen. Außerdem entsinne ich mich, daß ich zu der Zeit ein paar komplizierte Prozesse zu führen hatte, von deren Erfolg viel für den Ruf der Firma und für meine eigene Position abhing. Ich mußte oft verreisen, um die nötigen Unterlagen zu beschaffen, kurz, ich war sehr beschäftigt. Das alles muß in Betracht gezogen werden, ehe man mich wegen einer gewissen Gleichgültigkeit tadelt, mit der ich die Angelegenheit Gartzin behandelte, die auch vom Standpunkt des Anwalts nicht mehr als eine kaum nennenswerte Routinearbeit erforderte. — Nach einer solchen mehrtägigen Abwesenheit fand ich auf dem Notizblock den Vermerk meiner Sekretärin, daß Alfred Gartzin in der Zwischenzeit zwei- oder dreimal angerufen habe und um eine kurze Besprechung bitte. Ich ließ daraufhin eine Stunde vereinbaren, und er kam pünktlich auf die Minute wie immer. "Nun, wo brennt es diesmal?" begrüßte ich ihn. Eine lächerliche Phrase, gewiß, doch wir Anwälte, und wohl auch die Ärzte, pflegen sie zu gebrauchen, ohne uns etwas dabei zu denken. "Nichts Besonderes", sagte er; "mehr eine Bitte, die dir nicht viel Mühe machen wird. Ich habe mein Haus verkauft, auch für die Firma habe ich einen recht günstigen Preis erzielt. Ich verlasse demnächst die Stadt mit den Meinigen." "Ach, das ist ja interessant", rief ich aus, doch es war von meiner Seite in dem Moment nur eine nichtssagende Zwischenbemerkung, wie man sie tut, um dem anderen seine Aufmerksamkeit zu beweisen. Alfred Gartzin wird es auch nicht anders aufgefaßt haben; er sprach genau so sachlich und überlegt wie sonst, kein Wort zuviel, nicht sehr laut, aber eindringlich und ein wenig unbeteiligt, doch das schätzt man als Jurist. "Obwohl ich glaube", fuhr er fort, "allen Verpflichtungen nachgekommen zu sein, Rechnungen, Steuern und was es sonst noch gibt, so weiß man das doch nie genau; es können irgendwelche Kleinigkeiten übersehen sein, und ich möchte nicht, daß man mir nachsagt, ich hätte mich davongemacht, ohne alles zu begleichen. Erfahrungsgemäß wird ja über Kleinigkeiten am meisten Geschrei erhoben, ja, und daran liegt mir vor allem, daß auch nicht der geringste Anlaß hinter mir zurückbleibt, über mich zu reden. Es ist daher meine Absicht, einen ausreichenden Betrag zurückzulassen — sagen wir Zehntausend, das dürfte bei weitem ausreichen — und zwar nicht auf meinen Namen und nicht bei meiner Bank — das wäre sinnlos, denn wie soll die Bank entscheiden, ob eine etwaige Forderung zu Recht besteht? Und daß bei mir erst nachgefragt werden muß, möchte ich ja gerade vermeiden —, sondern auf den Namen eines anderen und zu dessen freier Verfügung. Es müßte natürlich so gehandhabt werden, daß der Betreffende im voraus jeder Verantwortung mir oder meinen Erben gegenüber enthoben ist, überhaupt dürfen keine Bedingungen damit verknüpft sein außer eben der einen, daß für alle nicht berechenbaren Fälle mein Rückzug, um es so zu nennen, mit dem Gelde gedeckt wird, nach freiem Ermessen des Bevollmächtigten. Andrerseits muß wiederum bedacht werden, daß es nicht wie ein Geschenk aussieht und der Betreffende dadurch einkommensteuerpflichtig wird. Ich nehme an, daß es für solche Fälle Sperr-, Sonder- oder Anderkonten gibt." "Das ist keine Schwierigkeit", unterbrach ich ihn, "es ist eine ganz alltägliche Sache. Unsere Firma verwaltet ein Dutzend solcher Konten, zum Beispiel Rückstellungen eines Klienten für den Fall eines ungünstigen Prozeßausgangs und dergleichen mehr. Es müssen allenfalls Vermögenssteuern dafür bezahlt werden, aber das würde ja von der Höhe des sonstigen Vermögens abhängen. Irgendein Bedenken sehe ich nicht." "Das freut mich", sagte er. "Würdest du so freundlich sein, eine entsprechend formulierte, rechtsgültige Vollmacht aufzusetzen, die ich dann nur zu unterschreiben brauche?" "Das müßte aber notariell beglaubigt werden", wandte ich ein. "Selbstverständlich, ja", rief er, "daran habe ich nicht gedacht." "Gut", sagte ich, "du brauchst mir nur den Namen des Treuhänders und seine Bank

aufzugeben, dann werde ich den Text aufsetzen und dir schicken."
Alfred Gartzin erhob sich. "Ich sehe, daß du jetzt keine Zeit hast",
sagte er und wollte sich verabschieden. Ich war etwas verwundert
und entschuldigte mich. "Ich bin tatsächlich etwas überlastet, verzeih, dieser Prozeß läßt mich nicht schlafen, aber das macht nichts
aus. Du hast das Papier morgen bestimmt, das kostet nicht viel
Zeit." "Und jetzt gleich mitnehmen könnte ich es wohl nicht?"
fragte er; "ich würde dann nämlich sofort zum Notar gehen." "Eilt
es denn so?" fragte ich überrascht. "Eigentlich nicht", meinte er,
"du hast recht, es kommt auf einen Tag mehr oder weniger nicht
an. Aber ich wohne bereits im Hotel und bin nur wegen dieser
Angelegenheit noch hier; sobald sie erledigt ist, mache ich mich
auf den Weg." Ich wollte etwas entgegnen, ließ es dann aber und
klingelte nach der Sekretärin. "Nimm doch Platz", sagte ich zu
ihm. Die Sekretärin kam und ich diktierte ihr die paar Zeilen.
"Einverstanden?" fragte ich. "Ja, vielen Dank." "Und nun den
Namen bitte." Er blickte mich erstaunt an. "Den Namen des
Treuhänders", erklärte ich. Und er sagte: "Ich hatte natürlich an
dich gedacht." "An mich?" rief ich überrascht, faßte mich aber
schnell wegen der Sekretärin. Es ist mir heute selber unbegreiflich, daß ich das nicht von Anfang an so aufgefaßt hatte, ich muß
wirklich nicht ganz bei der Sache gewesen sein, doch vielleicht
überschätze ich das alles jetzt auch, da ich als alter Mann viel zuviel Zeit habe, mich mit meinen Erinnerungen zu beschäftigen.
Ich möchte nicht, daß Sie sich ein falsches Bild machen; nur darum erwähne ich so viel Nebensächliches und auch meine rein
privaten Bedenken. Ich überlegte damals auch rasch. Für einen
Anwalt war der Auftrag, mit dem Alfred Gartzin mich betraute,
nichts Ungewöhnliches; für jeden anderen Klienten hätte ich ihn
übernommen. Weshalb also nicht für meinen Freund? "Wäre die
Firma nicht besser als ich?" gab ich pflichtgemäß zu bedenken,
doch er schüttelte den Kopf. "Du kannst ja einen Passus einfügen,
nach welchem dir jederzeit das Recht zusteht, die Vollmacht auf
eine andere, dir genehme Person zu übertragen", schlug er vor,

"Nun gut, schreiben Sie das bitte sofort", sagte ich zu der Sekretärin, "Herr Gartzin möchte es gleich mitnehmen." Als sie fort war, stand auch er auf und wollte gehen. "Ich warte lieber draußen", sagte er, "ich habe dich schon viel zu lange aufgehalten." "Was für ein Unsinn!" antwortete ich. "Auf die paar Minuten kommt es nicht an. Ich muß sowieso die Vollmacht noch einmal durchlesen. Und wohin soll die Reise gehen, wenn ich fragen darf?" "Nach Westen", sagte er. "Aha, nach Westen." "Ja, das Klima ist dort günstiger für meine Frau." Ich hatte keine Ahnung, daß unser hiesiges Klima seiner Frau nicht bekömmlich war, aber das war ja nun wirklich seine Sache und nicht meine, nicht die eines Anwalts, deshalb schwieg ich. "Du bist der einzige Mensch", sagte er nach einer Weile, "auf den ich mich verlassen kann, daß er ganz einfach bezahlt, was noch zu bezahlen sein sollte, ohne sich auf irgendwelches Gerede über mich einzulassen, darum mache ich dir die Mühe." "Es ist keine Mühe", versicherte ich ihm. "Doch. Das Bezahlen vielleicht nicht, aber zu verhindern, daß noch hinter mir hergerufen wird, das könnte Mühe machen. Nicht einmal in Gedanken möchte ich Stimmen hören, die meinen Namen kennen, und sei es auch im Guten. Dazu ist das Geld da und dazu brauche ich dich. Wenn keine materiellen Forderungen mehr bestehen, hört man für die Leute auf zu existieren." Das waren unverständliche Worte. Ehrlich gesagt versuchte ich sie damals auch gar nicht zu verstehen. Alles, was wir redeten, war nur dazu da, das Warten auf die Vollmacht auszufüllen. "Du wirst mir natürlich deine neue Adresse mitteilen", sagte ich; "das eilt selbstverständlich nicht, doch immerhin muß ich eines Tages wissen, wo ich dich erreichen kann." Und er antwortete: "Selbst wenn es lange dauern sollte, wünsche ich nicht, daß sich an der Vereinbarung etwas ändert." "Trotzdem", warf ich ein, "wir sollten sie befristen. Auch die Forderungen, die noch an dich gestellt werden könnten, unterliegen der Verjährung. Ich muß dann wissen, was mit dem Geld geschehen soll." "Ich werde es mir noch überlegen", sagte er. "Ja, tu das bitte." Die Sekretärin kam herein, ich las den Entwurf der Vollmacht noch einmal laut vor, und da wir nichts daran auszusetzen fanden, gab ich ihm das Blatt. Er bedankte sich, wir gaben uns die Hand, und er ging. Ich habe ihn nie wieder gesehen. — Am nächsten Vormittag kam die notariell beglaubigte Vollmacht mit der Einschreibepost, auch die Zehntausend waren auf dem Konto, das ich angegeben hatte, eingegangen. Der Vollmacht lag ein Brief meines Freundes bei, dessen Abschrift Sie einliegend finden. Das Original steht Ihnen zur Verfügung, sobald ich von Ihnen höre, daß Sie mit Alfred Gartzin verwandt sind. Bitte halten Sie mich nicht für pedantisch, aber bevor ich das nicht weiß, möchte ich das Original nicht aus der Hand geben. Es ist mit der Hand geschrieben, deshalb vielleicht, weil Alfred Gartzin glaubte, der Brief würde dadurch rechtsgültiger, vielleicht fehlte es ihm auch nur an einer Schreibmaschine. Der Brief liegt in meinem Safe; hin und wieder hole ich ihn hervor und lese ihn, und jedesmal werde ich etwas traurig. Verzeihen Sie. — Zur Hauptsache liegt mir an einer Entlastung wegen des Geldes. Ich habe mich schon seit Jahren von den Geschäften zurückgezogen, und da ich mit meinem Tode rechnen muß, hielt ich es für vorsichtiger, die Vollmacht auf meinen Nachfolger in der Firma zu übertragen. Da es für ihn ein anonymer Posten ist, dürfte ich mich damit keines Vertrauensbruches meinem Freunde gegenüber schuldig gemacht haben. Aber mein Nachfolger fragt mich des öfteren, was mit dem Betrag geschehen solle. Ich habe die ursprünglichen Zehntausend in mündelsicheren Papieren angelegt und mit Zinsen und Zinseszins ist im Laufe von vierzig Jahren trotz aller wirtschaftlichen Schwankungen ein recht ansehnlicher Betrag daraus geworden. Ordnungsgemäße Bankauszüge sind vorhanden. Außer Spesen und Steuern wurde nichts von dem Konto verbraucht, denn Rechnungen für Alfred Gartzin sind nicht vorgekommen, und was die Verfügung anlangt, die er in seinem Brief trifft, so wußte ich nichts damit anzufangen; sie ging über das Verständnis eines Anwalts. Es ist mir auch ein solcher Fall, wie mein Freund ihn mit so befremdender Sicherheit annimmt, in der Praxis nicht bemerkbar geworden. Möglich, daß man mich deswegen der Unachtsamkeit zeihen könne, doch nun ist es zu spät für solche Einsichten. — Ich bitte Sie, sehr geehrter Herr Gartzin, nochmals um Entschuldigung für diesen langen und zum Teil unsachlichen Brief. Es wäre mir lieb, wenn ich noch vor meinem Tode die Vollmacht zurückgeben und das Geld dem oder den Berechtigten zuleiten dürfte. Darum würde Ihre umgehende Auskunft, und sei es auch nur auf einer Postkarte, mich zum Dank verpflichten.'

Soweit der Brief des Anwalts. Aber nicht dieser Brief war es, der Peter Gartzin Unbehagen verursachte, sondern die Anlage, und im Grunde war es darin nur ein einziges Wort, das ihm den Sonntagvormittag zu verderben drohte. Alles andere war leicht zu regulieren, und über die greisenhafte Geschwätzigkeit des Anwalts konnte man sogar lächeln.

Ja, einiges war sogar recht interessant, denn es handelte sich in der Tat um den Vater Peter Gartzins, den er jedoch nicht mehr gekannt hatte, und da es auch sonst keinen Menschen gab, der ihn gekannt hatte, waren die Mitteilungen dieses Wendlow das erste, was der Sohn an Näherem über seine Herkunft erfuhr. Und da gibt es zum Glück nichts, dessen man sich zu schämen braucht, stellte er sofort mit Befriedigung fest. Im Gegenteil! Tüchtige Männer, mein Vater wie mein Großvater.

Es hatte für ihn nicht der geringste Anlaß vorgelegen, seiner Herkunft nachzuforschen; alles unbedingt Notwendige war klar und abschließend aus den Polizeiakten zu ersehen, die bei der Vormundschaftsbehörde lagen. Anfangs war Peter Gartzin auch viel zu klein gewesen, um solche Nachforschungen anzustellen, und später hatte er sich so an die neue Umgebung und an seine herzensguten Pflegeeltern gewöhnt, daß er sich zu deren Familie rechnete und nie etwas vermißte. Es wäre ihm sogar als ein Unrecht gegen diese erschienen, nach seinen leiblichen Eltern zu forschen, zumal es zu nichts geführt hätte. Irgendwelche Papiere persönlichen Inhalts hatten sich in der Hinterlassenschaft nicht gefunden, nur

Ausweise und dergleichen und vor allem ein zertifizierter Bankscheck über eine für jene Zeiten und für die damaligen provinziellen Verhältnisse unserer Stadt recht bedeutende Summe. Das waren nackte Tatsachen, mit denen Peter Gartzin sich hatte abfinden müssen, doch wie gesagt, es bedurfte gar keines Abfindens, sein Dasein war ihm viel zu selbstverständlich. Auch Bilder von seinen Eltern existierten nicht, die ihn bei zufälligem Betrachten zu Gedanken über sie hätten veranlassen können. Ganz vage und ohne jedes Gefühl des Staunens oder der Trauer hatte er früher zuweilen das Bild eines Mannes mehr empfunden als gesehen, der links neben ihm am Steuer des Wagens saß, in dem sie zusammen fuhren, eines Mannes mit fest aufeinander gepreßten Lippen und dessen Augen wegen der vorspringenden Stirn und der leicht ergrauten Brauen im Schatten lagen; ein unbewegliches Gesicht, doch nicht ungütig und zu fürchten, sondern vermutlich nur mit konzentrierter Aufmerksamkeit der entgegengleitenden Straße zugewendet. Das könnte tatsächlich sein Vater gewesen sein, denn es ist ja durchaus möglich, sich der Dinge zu erinnern, die man als Fünfjähriger erlebt hat, doch genau so gut kann es sich um einen andern Mann handeln, mit dem Peter Gartzin als Kind einmal zusammen gefahren ist, oder auch nur um ein Bild, das er im Kino gesehen hat oder auch nur um einen Traum, obwohl er nicht oft träumte und keinerlei Wert darauf legte. Die Stimme des Mannes hatte er jedenfalls nie gehört und ihn anzureden wagte er wohl nicht, um ihn nicht beim Fahren zu stören. Und niemals hätte Peter Gartzin damit gerechnet, die Stimme seines Vaters zu vernehmen. Welch ein absurder Gedanke! Von seiner Mutter wußte er sogar noch weniger. Das mag, wenn der Mann am Steuer wirklich sein Vater war, ganz einfach daran gelegen haben, daß er sich wie alle Knaben mehr für den technischen Vorgang des Fahrens interessiert hatte als für irgendwelche weibliche Fürsorge. Es blieb ihm eigentlich nur ein leichtes Gefühl von körperlicher Wärme an seinem rechten Oberschenkel; denn er hatte damals ja zwischen seinen Eltern gesessen, das ist einwand-

frei festgestellt worden. Aber das war kaum mehr als ein gele-
gentlicher Wind oder die Warmluft, die von einer Heizung
ausstrahlt. Es wäre albern, davon viel hermachen zu wollen.

Seine Eltern waren vor vierzig Jahren durch ein Autounglück
ums Leben gekommen, in einer Kurve etwa fünfhundert Meter
vor unserer Stadt. Das heißt, die Straße und die Kurve gibt es
schon lange nicht mehr; es ist dort jetzt ein sehr belebter Stadtteil, der nicht einmal mehr neu ist, denn auch unsere Stadt hat sich
gewaltig ausgebreitet und wächst immer noch rapide. Man kann
sich nicht vorstellen, daß dort einmal Weiden und Äcker gewesen
sein sollen, doch es gibt graphische Zeichnungen von der Un-
glücksstelle; die Polizei hat die Rutsch- und Bremsspuren des
Wagens mit aller Genauigkeit gemessen und notiert; über die
Ursache des Unglücks besteht kein Zweifel. Peter Gartzin hatte
sich die Akten natürlich einmal angesehen, aber ohne jedes per-
sönliche Interesse, sondern mehr so, wie man in der Zeitung den
Bericht über einen der täglichen Unglücksfälle liest; man nimmt
sich vor, in Zukunft langsamer zu fahren, doch ein paar Minuten
später denkt man schon nicht mehr daran, das Leben nimmt einen
zu sehr in Anspruch. Dabei war sein Vater keineswegs übermäßig
schnell gefahren, das war nachzuweisen. Der Wagen ist auf einem
größeren und noch ganz frischen Ölfleck ins Gleiten gekommen,
zunächst auf die linke Straßenseite und dann durch Herumwerfen
des Steuers und durch Bremsen wieder nach der rechten. Wie
das Öl dort in solcher Menge hingeraten konnte, ist nie aufge-
klärt worden. Es ist nach einem Tankwagen gefahndet worden,
und es wurde sogar versucht, den Staat wegen der Nachlässigkeit
haftbar zu machen, aber alles umsonst. Der Wagen geriet mit den
Vorderrädern über die Straßendecke hinaus und überschlug sich
im weichen Ackerboden. Es handelte sich um einen offenen Wagen; das Wetter muß gut gewesen sein, denn das Verdeck war
zurückgeschlagen. Die beiden Eltern Peter Gartzins sollen sofort
tot gewesen sein, er selber wurde hinausgeschleudert und kam mit
einer leichten Gehirnerschütterung davon. Als man ihn fand, soll

er einen Stoffbären fest an sich gedrückt gehalten haben. Seine
Frau sagte später, als sie davon erfuhr — wer mag ihr das nur erzählt haben? —: 'Welch ein vorbildlicher Vater warst du schon
als kleiner Junge.'

Ein ganz alltäglicher Unfall also. Nichts Rätselhaftes. So war
Peter Gartzin in unsere Stadt geraten und so ist es zur Helios
GmbH gekommen. Der Pflegevater hatte nämlich den seltsamen
Namen Helius, ihm zu Ehren und aus Anhänglichkeit taufte Peter
Gartzin das Unternehmen so. Nur das 'u' wurde von ihm in ein
'o' umgewandelt, denn Helius sah doch gar zu sehr nach einem
Druckfehler aus und hätte den Spott der Leute erregt, zum Scha-
den des Geschäftes. Die Stadt war damals eines jener winzigen
Provinznester, die ihre Existenz eigentlich nur der großen
Bahnlinie und dem Bahnhof verdanken, an den sich die Häuser
anschmiegen, wie um nicht in der Weite verlorenzugehen. Sonn-
abends und sonntags kamen die Landleute der Umgegend und
lieferten ihre Produkte ab und kauften ein. Heute hat unsere Stadt
eine bedeutende Industrie, eine Universität und moderne Klini-
ken; die Einwohnerzahl hat die Grenze von Zweihunderttausend
überschritten. Nicht ohne Stolz kann sie darauf hinweisen, daß
ihr Wachstum zum Beispiel dasjenige der großen Hafenstadt N.
um ein Vielfaches übertrifft.

Peter Gartzin blickte aus dem Fenster seines Privatkontors auf
den großen, asphaltierten Hof des Kaufhauses; nach vorne hinaus
wird jeder Platz für Schaufenster und Verkaufsräume gebraucht.
Alltags war auf dem Hof ein Leben wie vor einem Bienenhaus;
Lastwagen fuhren ein und aus, man hörte das Rufen der Leute,
die die Waren an der Laderampe des Lagerhauses in Empfang
nahmen, die Motoren heulten beim Anlassen auf und ununter-
brochen war das fernbebende Donnern zu spüren, das die Rollen
der Transportkarren verursachten. Ein angenehmes Geräusch, es
zeugte von lebendiger Betriebsamkeit. Peter Gartzin liebte den
Blick auf den Hof, auch am Sonntag, wo alles wie ausgestorben
dalag. Nein, wie im Sonntagsschlaf. Nach hinten war der Hof

durch die Garagen abgeschlossen, in denen die Lieferwagen ausruhten, die die Filialen in den Ortschaften der Umgegend versorgten. Das alles war schon viel zu eng, der Hof sollte im Frühjahr überbaut werden, die Pläne lagen fix und fertig im Schreibtisch. Die Gärten und das baufällige Herrenhaus jenseits der Hintergasse waren längst aufgekauft, sie paßten sowieso nicht mehr ins Zentrum der Stadt, sie nahmen unnötig Platz weg. Man hatte mit einer zähen Erbengemeinschaft zu tun gehabt, die leider wußte, daß die Helios GmbH das Gelände eines Tages brauchen würde, doch das Geld war gut angelegt, heute müßte man wohl mindestens das Dreifache dafür bezahlen. Es war vorgesehen, die ganze Hintergasse zu überwölben; sie sollte den Namen Helios-Passage erhalten. Es wurde viel Raum für neue Verkaufshallen benötigt; die Möbelabteilung und die Ausstellungsräume für Kühlschränke und Fernsehtruhen sollten dorthin. Das alles wächst wie von selbst. Es wächst organisch, wie es in den Wirtschafts-berichten heißt.

Kaum jemand erinnert sich noch an den lichtlosen provinziellen Kramladen des alten Helius, in dem Handwerkszeug, Kochtöpfe, karierte Stoffe, Mützen, Sämereien und freitags frischgerösteter Kaffee an die Landleute verkauft wurde. Was war in vierzig Jah-ren daraus entstanden! Und genaugenommen, waren es nur fünf-undzwanzig Jahre, das heißt seit der Volljährigkeit Peter Gartzins und seitdem der über das Geld verfügen durfte, das aus dem Scheck stammte, der bei seinem Vater gefunden wurde. Wenn man das Datum des Briefes, den der Anwalt abschriftlich mitge-schickt und den der Vater offenbar in der Nacht vor seinem Aufbruch aus N. geschrieben hatte, mit dem Datum des Un-glücksfalles verglich, so lagen genau sieben Tage dazwischen. Was ist in diesen sieben Tagen gewesen? Welche Route hat der Vater genommen? Das müßte doch bekannt sein. Warum hat man das nicht festgestellt? Heute würde eine ordentliche Polizei nicht ruhen, bis jede Minute der sieben Tage einwandfrei rekonstruiert wäre. Aber schließlich: wozu? Was hätte ich für Nutzen davon gehabt, fragte sich Peter Gartzin. Ich habe das Geld meines Vaters nicht vergeudet; mein Erfolg steht jedermann greifbar vor Augen; ich brauche mich nicht zu schämen. Wirklich, das wäre lächerlich.

Und was das Wort 'Einöde' betrifft...Welch ein altmodisches Wort! Vielleicht war es zu Zeiten meines Vaters noch in Kurs, denn heute findet man es höchstens in Romanen oder bei Zeitungsleuten und auch dann nimmt man es nicht ernst. Bitte, wo gibt es denn heutzutage noch Einöden? Am Nordpol vielleicht oder in Australien, aber nicht bei uns. Und auch zu meines Vaters Zeit kann es hier schon keine Einöde mehr gegeben haben. Sicher war noch alles recht ländlich und nach jetzigen Begriffen primitiv, aber es lebten doch Menschen hier und bebauten das Land und hatten Kinder, und es gab auch schon die große Bahnlinie von Osten nach Westen, sie ist vor mindestens achtzig Jahren angelegt worden. Selbst wenn man in Rechnung stellt, daß mein Vater aus einer Großstadt kam und mit Recht auf diese Gegenden, wie sie damals waren, herabblickte, so ist doch die Bezeichnung 'Einöde' dafür ganz unverständlich. Dabei scheint er das nicht einmal verächtlich gemeint zu haben, sondern erhoffte sich irgendeine Anregung von dieser seiner Einöde. Ist er etwa in den sieben Tagen dahin durchgefahren? Ja, wo liegen diese Einöden dann oder wo haben sie damals gelegen? Wirklich, darüber darf man mit niemand sprechen. Ich möchte nicht, daß man sich nachträglich über meinen Vater lustig macht. Die Leute würden denken — denn laut würden sie es aus Achtung vor mir nicht sagen —: Fondsmakler war er? Ein schöner Fondsmakler! Das war mir übrigens selber neu. Ein anständiger Beruf.

Vielleicht war ja meine Mutter wirklich krank, denn der Mann hinter dem Steuerrad sah nicht krank aus. Der alte Anwalt redet ja auch in seinem Brief davon, daß mein Vater nach Westen habe fahren wollen, da das Klima dort bekömmlicher für seine Frau sei.

Nach Westen? Peter Gartzin trat vor die Landkarte, die die

ganze Breite der Wand seinem Schreibtisch gegenüber einnahm.
Mit violetten Linien war darauf das Netz der Filialläden einge-
zeichnet, das die Helios GmbH in einem Umkreis von mehr als
zweihundert Kilometer über das Gebiet gespannt hatte. Welch
ein Genuß für das Auge! In verkleinertem Maßstabe, gleichsam
als Wappen des Konzerns, war die Zeichnung auf den Prospekten
und den Rückwänden der Lieferwagen angebracht. Peter Gartzin
hatte mehr Freude daran, als an dem alten Italiener, der zu Haus
über dem Kamin hing — ein Tintoretto oder Veronese, ganz
gleich; Expertisen für die Echtheit lagen vor —, und den die Leute
voller Ehrfurcht betrachteten. Dies violette Netz, das mit beherr-
schender Logik und ohne Rücksicht auf Hügel, Täler und Flüsse,
die darunter schon kaum mehr wahrzunehmen waren, über alles
gebreitet lag, war doch geradezu ein Symbol für das Leben selbst
und sehr viel mehr als ein totes Bild. Ja, das Netz lebte aus sich
heraus, es streckte und verzweigte sich und sandte kleine Schöß-
linge über den Rand hinaus, die draußen das Gebiet abtasteten,
um dort Wurzel zu fassen, und das alles vom Zentrum aus
gespeist, von der Helios GmbH, von diesem Privatkontor. Es
bedarf gar keiner großen Initiative mehr und selbst wenn Peter
Gartzin gar nicht dasäße, das Netz weiß gottlob allein, was ihm
nottut, und wächst weiter. Und sollte es auch wirklich irgendwo
eine kleine lächerliche Einöde geben, das Netz wird keine Notiz
davon nehmen, sondern sich darüberhinweg spannen.

Sehr viel weiter im Westen, am Fuße des Gebirges, gibt es
allerdings einen dürren Streifen, mit dem nichts anzufangen ist.
Vor Jahrhunderten, auf den ersten Wanderungen, sollen dort viele
Menschen ums Leben gekommen sein, wovon sich noch der
romantische Name Todestal für den Landstrich erhalten hat, doch
heute läßt er sich auf gutbetonierten Straßen in wenigen Stunden
überqueren. Außerdem kann mein Vater, sagte sich Peter Gartzin,
die Gegend nicht gemeint haben, denn er ist ja gar nicht bis dahin
gelangt. Bei aller Hochachtung, die ich ihm schuldig bin — ich
wäre der Letzte nicht anzuerkennen, daß der Aufstieg der Helios

GmbH ohne das Geld, das er mir hinterließ, kaum im gleichen Maße möglich gewesen wäre —, muß ich das Wort 'Einöde' ablehnen. Abgesehen von der Mißachtung der Leistung, die wir, seine Nachfahren, vollbracht haben; denn wir dürfen wohl ohne Überheblichkeit von uns behaupten, daß dank unserer unermüdlichen Wachsamkeit sich niemand über eine Einöde zu beklagen braucht, — er tritt sich mit dem Ausdruck selber zu nahe und entwertet den Erfolg, mit dem er sich aus allerärmsten Verhältnissen hochgearbeitet hat. Welch eine Taktlosigkeit von dem alten Anwalt, mir den Brief mitzuteilen, wenn auch nur abschriftlich. Ausgerechnet mir, dem Sohne. Nein, das kann ich nicht dulden. Dem Andenken meines Vaters zuliebe werde ich mit allen mir zur Verfügung stehenden Mitteln dafür Sorge tragen, daß kein Mensch etwas davon erfährt. Denn es gibt keine Einöde. Es darf sie nicht geben. In den Hof, der dort unten wie ausgestorben liegt, wird in zehn Minuten der Wagen meiner Tochter fahren; sie wird mir auf der Fahrt zum Mittagessen von dem Gartenfest berichten, das sie nächste Woche für ihre Freunde geben will. Ist das etwa eine Einöde, mein lieber Vater? Selbst sonntags nicht, sollte ich meinen.

Oder übertreibe ich? Habe ich den alten Brief meines Vaters beim ersten flüchtigen Lesen falsch aufgefaßt? Er lautet — immer vorausgesetzt, daß er richtig abgeschrieben ist, doch in dieser Beziehung pflegen Anwälte sehr genau zu sein: 'Lieber Wendlow! Anbei die Vollmacht. Das Geld wird inzwischen auf Deinem Konto sein. Ich habe über Deine Frage nachgedacht. Für den Fall, daß das Geld nicht für den vorgesehenen Zweck gebraucht wird, möchte ich folgende Verfügung treffen. Ich bin der festen Überzeugung, daß es in den kommenden Jahrzehnten in zunehmendem Maße Menschen geben wird, die wie ich den Wunsch haben, einfach von der Bildfläche zu verschwinden. Da es keine Klöster mehr gibt wie im Mittelalter, wird ihnen das nur möglich sein, indem sie als namenlose Handlanger irgendwo untertauchen. Es könnte nun sein, daß eine solche Tendenz dem Staat

oder der Gesellschaft bedenklich erscheint und daß man scharfe
Gesetze dagegen erfinden wird. Sollte Dir im Laufe der Jahre ein
solcher Fall vorkommen, so möchte ich, und ich bevollmächtige
Dich hiermit ausdrücklich, daß Du Dich des Mannes annimmst
und das Geld für Prozeßkosten und Honorar verwendest.
Voraussetzung ist selbstverständlich, daß der Betreffende sich
nicht etwaigen juristischen Verpflichtungen entziehen will; denn
nur, wenn diese nachweislich alle erfüllt sind, ist er im Recht. In
seinem Recht, meine ich, nicht also im juristischen Recht, das nur
auf dem Gesetz des Hinziehens beruht. Verzeih bitte diese
Bemerkung. Ich kenne alle Gegenargumente, die ein Anwalt, ein
Politiker, ein Arzt, ein Geistlicher, oder wer sich sonst noch mit
der Ordnung des Daseins befaßt, anführen könnte, meine Überzeugung läßt sich nicht dadurch erschüttern. — Ich werde jetzt
noch ein paar Stunden schlafen. Morgen früh breche ich wach
Westen auf. Ich weiß, daß man im Westen nicht anders lebt als
hier. Ich weiß, daß es inkonsequent von mir ist, Frau und Kind
mitzunehmen. Mein Wunsch wäre, irgendwo Kellner zu sein,
den man nur "Herr Ober" oder mit einem Vornamen ruft. Am
liebsten in einem Rasthaus an der Autobahn. Der Strom der
Wagen fließt vorbei, einige machen Halt, bestellen ungeduldig
ihr Essen, verzehren es, bezahlen und fahren weiter. Ich weiß
nichts von ihnen außer ihren Bestellungen, und sie wissen nichts
von mir, außer daß ich ihre Bestellungen rasch erfülle. Ich bin als
junger Mensch einmal ein Jahr lang aushilfsweise Kellner gewesen,
ich kenne also den Beruf. Aber den Wunsch muß ich mir versagen; die große Stummheit, mit der wir gemeinsam das
schmerzlose Elend ertragen haben, hat uns so verbunden, daß ich
meiner Frau nicht den dagegen kaum zählenden, vielleicht
barmherzigen Kummer anzutun vermöchte, sie reichlich versorgt
allein zu lassen; ich würde mich selbst dadurch vernichten. Du
siehst, lieber Wendlow, daß ich alle Chancen gewissenhaft und
nüchtern erwogen habe, wie es sich für einen Fondsmakler ziemt.
Ich verlasse das hiesige Dasein mit der Zuversicht, daß mir auf

der Fahrt durch die Einöden unserer mittleren Provinzen eine Idee für mein Weiterexistieren begegnet. Entschuldige bitte, daß ich von mir geredet habe; ich hielt es für nötig, um Dir meine Absicht wegen des Geldes zu verdeutlichen. Ich bin Dir sehr dankbar für Deine Freundschaft; tatsächlich ist sie es, oder der unerwartete Zufall unseres Wiedertreffens, was meinen Entschluß erst zur Reife gebracht hat. Dein Alfred Gartzin.'

Unten auf dem Hof hupte es dreimal kurz. Die Kirche ist aus, das Mittagessen wartet. Peter Gartzin steckte den Brief wie ein Ertappter in die Seitentasche. Er klopfte darauf, damit sich keine Aufbauschung zeigte. Dann verließ er sein Privatkontor. Er hatte beschlossen, morgen nach N. zu fliegen. Es gab dort sowieso allerhand Geschäftliches zu erledigen. Denn das Hinziehen ist wirklich ein ungesundes Geschäftsprinzip, darin mußte er seinem Vater recht geben.

SELECT VOCABULARY

abbetteln, *obtain by begging, wheedle*
abblasen, *blow off*
abbrechen, *break off*
abdrängen, *push aside*
abdrücken, *squeeze off, break off, crush*
Abend/-brot (n), -essen (n), *supper*
abendlich, *evening*
Abend/-lied (n), *evening song.*
   -mahlzeit (f), *evening meal.*
   -rot (n), *sunset.* -zeitung (f),
   evening paper
Abenteuer (n), *adventure*
abermals, *again*
abfahrbereit, *ready to depart*
abfahren, *depart*
Abfall (m), *waste, rubbish*
abfinden (refl.), *be resigned (to),*
   come to terms (with)
Abfindung (f), *lump-sum payment*
abfliegen, *fly away*
Abgeordnete(r) (m), *representative,*
   deputy
abgeschmackt, *tasteless, in bad taste*
abgesehen, *apart (from)*
abhalten, *restrain, hinder*
Abhang (m), *slope*
abhangen, abhängen, *depend*
abhängig, *dependent*
abhauen, *cut down; go off, clear out*
abholen, *fetch, collect; call for*
abhorchen, *sound, auscultate*
ablassen, *desist; allow (someone) to*
   have; let out
ablegen, *take off*
ablehnen, *refuse*
Ablehnung (f), *refusal*
abliefern, *deliver*
ablösen, *relieve, replace*

abnehmen, *take off*
Abneigung (f), *aversion, disinclina-*
   tion
abonnieren, *subscribe, become a*
   subscriber (to)
abplatten, *flatten*
Abreise (f), *departure*
abreisen, *depart*
abschließen, *shut off; terminate*
abschließend, *conclusive*
Abschluß (m), *conclusion; agreement,*
   sale
abschneiden, *cut off*
abschrägen, *slope, slant*
abschreiben, *copy*
abschreiten, *pace off*
Abschrift (f), *copy*
abschriftlich, *as a copy*
Abseite (f), *further part*
Absicht (f), *intention*
absinken, *sink down*
absprechen, *deny, gainsay*
abstauben, *dust*
absterben, *wither, die off*
abstürzen, *fall headlong*
abtasten, *feel over*
Abteil (n), *compartment*
Abteilung (f), *section;* Abteilungsleiter (m), *head of a division*
abtreten, *wear out; withdraw*
abwärts, *down(wards)*
abwechselnd, *in turns*
abwehren, *resist*
abwenden (refl.), *turn away*
abwesend, *absent*
Abwesenheit (f), *absence*
abzeichnen, *sketch, draw;* (refl.),
   stand out, appear in outline

abziehen, *take off;* ein Bett abziehen, *strip a bed*

acht, *eight;* halbe Achten, *'half eights'*

Achterdeck (n), *quarter-deck*

achtsam, *careful, attentive*

Achtung (f), *respect*

Acker (m), *arable land, field*

Adler (m), *eagle*

Affe (m), *ape, monkey*

Affenhaus (n), *monkey-house*

agil, *agile*

ahnen, *surmise, have a foreboding*

Ahnung (f), *presentiment; idea, notion*

Akademiker (m), *academic, someone with university education*

Akten (plur.), *documents*

Alarmanlage (f), *alarm-installation*

albern, *silly*

alle werden, *come to an end, run out*

allerdings, *to be sure*

allerhand, *all sorts (of things)*

allgemein, *general*

allmählich, *gradually*

allsogleich, *immediately*

alltäglich, *everyday*

alltags, *on weekdays; daily, every day*

Almosen (n), *alms, charity*

alsbald, *directly, forthwith*

Alter (n), *age*

Altgummi (n), *scrap rubber*

altmodisch, *old-fashioned*

Altpapier (n), *scrap paper*

Ampel (f), *hanging-lamp; traffic-light*

Ampferhalm (m), *stalk of sorrel*

Amsel (f), *blackbird*

Amt (n), *office; official position, post*

anbei, *herewith, enclosed*

anbieten, *offer*

anblicken, *look at*

anbrennen, *light*

anbringen, *set up, fix*

andächtig, *devout; attentive*

Andenken (n), *memory, remembrance*

and(e)rerseits, *on the other hand*

Anderkonto (n), *trustee account*

ändern, *change, alter*

anders, *different(ly), otherwise*

andeuten, *indicate; intimate, hint*

Andeutung (f), *hint, indication*

aneinanderrücken, *move close together*

anerkennen, *acknowledge*

Anerkennung (f), *acknowledgment, appreciation*

anfällig, *susceptible*

Anfang (m), *beginning*

anfangen, *begin; do (with), make (of)*

Anfertigung (f), *making, construction*

anfühlen (refl.), *feel, appear*

anführen, *cite, adduce*

Angabe (f), *statement*

angeben, *state, indicate*

Angebot (n), *supply; offer*

Angehörige(r) (m), *member*

Angelegenheit (f), *affair, business*

angemessen, *appropriate*

angenehm, *pleasant*

angesehen, *respected*

angliedern, *join, attach*

anhalten, *hold, stop*

Anhänger (m), *adherent; trailer*

Anhänglichkeit (f), *affection, attachment*

anheben, *lift up; begin*

anhören, *hear, listen (to)*

ankämpfen, *struggle against*

ankaufen (refl.), *buy property (and settle down)*

anklagen, *accuse*

ankleben, *stick on*

anklopfen, *knock*

ankommen, *arrive; be a matter of, depend on*

Anlage (f), *installation, plant; sketch; enclosure*

anlangen, *arrive, reach;* was die Sache anlangt, *as far as the matter is concerned*

Anlaß (m), *cause*

anlassen, *start (an engine)*

anläßlich, *on the occasion of*

anlegen, *put on; establish; invest*

Anliegen (n), *request; concern*

anmerken, *observe, notice*

anmessen, *measure*

anmuten, *seem*

annehmbar, *agreeable*

annehmen, *accept; assume;* sich jemandes annehmen, *take someone's part*

Anordnung (f), *arrangement*

anreden, *address, speak to*

Anregung (f), *stimulus*

anrollen, *roll; trundle*

anrucken, *jerk*

anrufen, *ring up, telephone; call*

anrühren, *touch*

Ansage (f), *announcement*

ansässig, *resident, local*

anschauen, *look at*

anschmiegen, *cling (to), nestle*

anschnauzen, *snap at, reprimand*

ansehnlich, *imposing; considerable*

ansetzen, *make an attempt, try, apply*

ansprechen, *address, speak to*

anspringen, *begin to run, leap*

Anspruch (m), *claim;* in Anspruch nehmen, *claim, demand*

anständig, *decent*

anstarren, *stare at*

ansteigen, *rise, slope*

anstellen, *appoint, employ; initiate*

Anstoß (m), *nudge; impulse*

anstoßen, *nudge; strike against*

Anstrengung (f), *effort*

Anteilnahme (f), *sympathy, concern*

Antiquar (m), *dealer in antiques; second-hand bookseller*

Antlitz (n), *face*

Antrag (m), *proposal*

antreffen, *come across, meet with*

antun, *inflict, put on*

Antwort (f), *answer, reply*

anvertrauen, *entrust*

anwachsen, *grow, increase*

Anwalt (m), *lawyer, solicitor*

anziehen, *put on (clothes, etc.); pull; attract*

anzünden, *set on fire; light*

Apotheke (f), *chemist's shop*

appellieren, *appeal*

Arbeiter (m), *workman, worker*

arg, *bad, severe*

Ärger (m), *annoyance, vexation, anger*

ärgern (refl.), *be annoyed*

argwöhnisch, *suspicious*

ärmlich, *poor, mean*

armselig, *poor; wretched*

Armut (f), *poverty*

Art (f), *kind, sort; type, species; way, manner*

Arzt (m), *doctor*

Aschenbecher (m), *ash-tray*

Ast (m), *branch*

Astwerk (n), *branches*

Atem (m), *breath*

atmen, *breathe*

aufbauen, *build, construct*

aufbäumen (refl.), *prance, rear up*

Aufbauschung (f), *swelling*

VOCABULARY

aufbewahren, *preserve, keep, save*
aufbrechen, *break out; depart, set out*
Aufbruch (m), *departure*
aufdecken, *disclose, uncover*
Aufenthalt (m), *stay*
aufessen, *eat up*
auffallen, *attract attention*
auffassen, *understand; interpret*
aufflattern, *flutter upwards*
auffliegen, *fly up*
aufflügeln, *flutter up*
auffordern, *invite*
Aufforderung (f), *request, invitation*
aufgeben, *give up; hand in, send*
aufgehen, *open; rise*
aufhaben, *have on, wear*
aufhalten, *keep, delay;* (refl.), *stay, delay*
aufheben, *lift up*
aufheulen, *roar (out), whine*
aufhören, *cease*
aufkaufen, *buy up*
aufklären, *explain; enlighten*
Aufklärung (f), *explanation, enlightenment*
aufkommen, *prevail; come up, approach*
aufladen, *load*
auflegen, *put on; replace (telephone receiver)*
auflösen, *dissolve, break up*
aufmachen, *open*
aufmerksam, *attentive;* aufmerksam machen, *draw attention (to)*
Aufmerksamkeit (f), *attention*
aufnehmen, *pick up, lift up*
aufopferungsvoll, *self-sacrificing*
aufpassen, *pay attention*
Aufprall (m), *rebound*
aufregen, *excite*
Aufregung (f), *excitement*

aufreißen, *tear open, fling open; tear*
aufrichten (refl.), *rise, get up*
aufrichtig, *sincere*
aufrufen, *summon, call up*
aufsaugen, *absorb*
aufschlagen, *set up, put up; open*
aufschweben, *soar upwards*
Aufschwung (m), *soaring; advance, boom*
aufsehen, *look up*
aufsetzen, *put on; draw up*
aufstehen, *get up*
aufstellen, *set up, arrange*
Aufstieg (m), *rise, advance, ascent*
aufstoßen, *push open*
aufsuchen, *visit, search for*
auftauchen, *rise, emerge (from), appear*
aufteilen, *divide up, partition*
Auftrag (m), *order, instruction*
auftragen, *commission, instruct*
Auftraggeber (m), *customer*
auftreten, *appear, show oneself*
aufwachen, *wake up*
Aufwand (m), *expense*
aufwärmen, *warm up*
aufzehren, *consume, use up*
aufzeichnen, *note down*
aufziehen, *draw up, raise; assume, put on; wind up*
Augenblick (m), *moment, instant*
augenblicklich, *present, at the moment; immediate, just now*
augenfällig, *evident, obvious*
Augenhöhe (f), *eye-level*
Augenlid (n), *eyelid*
ausbezahlen, *pay out; pay in full*
ausbleiben, *be missing, not to occur*
ausbreiten, *stretch out*
ausdauernd, *persevering*
ausdrücken, *express*

109

ausdrücklich, *explicit*
ausfahren, *drive out*
Ausfahrt (f), *departure*
Ausflug (m), *excursion, outing*
ausführlich, *detailed, full*
ausfüllen, *fill up, fill out*
Ausgang (m), *going out; way out, exit; conclusion, outcome*
ausgerechnet, *just, of all things*
ausgleiten, *slip, slide*
ausgraben, *dig up*
aushalten, *bear, endure*
aushändigen, *hand over*
aushauchen, *breathe out*
aushecken, *hatch out, plot*
aushilfsweise, *temporarily, as a makeshift*
aushöhlen, *hollow out, undermine*
auskeilen, *kick (as of horses)*
Auskunft (f), *information*
Auslage (f), *shop-window*
Auslagerung (f), *deposition, storing*
Ausländer (m), *foreigner*
auslaufen, *run out, come to an end*
Ausläufer (m), *offshoot*
ausliefern, *hand over, surrender*
ausmachen, *locate; put out; settle;* das macht nichts aus, *that does not matter*
ausnahmsweise, *by way of exception*
auspacken, *unpack*
ausreichen, *be sufficient*
ausreichend, *sufficient*
Ausruf (m), *exclamation*
ausrufen, *cry out, call out, announce*
ausruhen, *rest*
ausrüsten, *equip, arm*
ausschlagen, *incline, turn*
Ausschuß (m), *waste, rejects; committee*
ausschwingen, *swing out*

aussehen, *look, appear*
außerdem, *moreover*
außerstande, *unable, not in a position (to)*
Äußerung (f), *remark*
aussetzen, *expose; offer; find fault with, take exception (to)*
Aussicht (f), *view, sight; prospect*
aussprechen, *pronounce; express*
ausstehen, *endure, bear*
Ausstellung (f), *exhibition, display*
aussterben, *die out*
ausstoßen, *emit*
ausstrahlen, *radiate*
austragen, *carry out; deliver, take round*
austreten, *tread out*
ausüben, *practise; carry out*
auswachsen (refl.), *attain full growth*
ausweichen, *avoid*
Ausweis (m), *statement, certificate (of identity)*
auszahlen, *pay out*
Auszahlung (f), *payment*
auszeichnen, *distinguish*
ausziehen, *take off, undress; move, leave*
Auszug (m), *departure, removal; abstract, summary*
Auto (n), *motor-car;* eine halbe Autostunde, *half-an-hour's journey by car*
Autobahn (f), *motorway*

Backe (f), *cheek; limb, side*
Bäcker (m), *baker*
baden, *bathe*
Badetuch (n), *bath towel*
Bahn (f), *way, path; station; train*
Bahndamm (m), *railway embankment*

bahnen, *prepare; level*
Bahn/hof (m), *railway station.*
  -linie (f), *railway-line.* -steig (m),
  platform
baldig, *early, speedy*
ballen, *clench (fist); (refl.) cluster,*
  gather
Ballen (m), *bale*
Bambusstange (f), *bamboo pole*
Bank (f), *bench, seat; bank*
Baracke (f), *hut*
Barett (n), *biretta*
barmherzig, *merciful*
Bauarbeiten (f plur.), *building work*
Bauch (m), *belly, stomach*
bauen, *build; construct*
baufällig, *dilapidated*
baulich, *structural*
baumeln, *sway, hang down*
Baumkrone (f), *treetop*
baumlos, *treeless*
beachten, *take notice of*
Beamte(r) (m), *official*
bearbeiten, *belabour, trounce*
bebauen, *cultivate, till*
beben, *quiver, tremble*
Beckenwirbel (m), *base of the spine*
bedacht, *thoughtful*
bedanken (refl.), *thank, express*
  thanks
Bedarf (m), *need, requirement*
bedecken, *cover*
bedenken, *consider*
Bedenken (n), *misgiving; considera-*
  tion
bedenklich, *doubtful*
bedeuten, *mean, signify*
bedeutend, *significant; important*
bedienen, *serve, wait on; work,*
  operate
Bedingung (f), *condition*

bedrohen, *threaten*
bedürfen, *need, require*
beeilen (refl.), *hurry*
beeinflussen, *influence*
beenden, *finish, complete*
Beengung (f), *constriction*
befallen, *attack*
befangen, *engrossed (in); constrained*
befassen (refl.), *concern oneself with,*
  have to do with
befeuchten, *moisten*
befinden (refl.), *be, find oneself;*
  feel
befördern, *transport*
befragen, *question, interrogate*
befreien, *liberate, free*
befremdend, *surprising*
befreundet, *on friendly terms*
befriedigen, *gratify, please*
befristen, *fix a time-limit*
befühlen, *feel; finger*
befürchten, *fear*
begegnen, *meet, encounter*
Begegnung (f), *meeting, encounter*
begehren, *desire*
begeistern, *fill with enthusiasm*
Begeisterung (f), *enthusiasm*
beglaubigen, *attest, authenticate*
begleichen, *settle, square*
begraben, *bury*
begreifbar, begreiflich, *compre-*
  hensible, conceivable
Begriff (m), *idea, concept*
begrüßen, *greet, welcome*
behalten, *keep;* recht behalten, *be*
  justified in the end
Behälter (m), *container*
behandeln, *treat, deal with*
beharrlich, *persistent*
Beharrung (f), *persistence, obstinacy*
behaupten, *maintain*

Behausung (f), *house, domicile*
behend, *nimble, agile*
beherrschen, *control, master*
behilflich, *helpful*
Behörde (f), *authority, board*
behutsam, *cautious, careful*
beieinander, *together*
beiläufig, *incidental, casual*
beiliegen, *be enclosed with*
Bein (n), *leg*
beiseite, *aside*
Beispiel (n), *example*
beißen, *bite*
Bekannte(r) (m), *acquaintance*
bekanntmachen, *make known*
bekennen, *admit, confess*
beklagen (refl.), *complain*
beklagenswert, *to be pitied, pitiable*
bekleiden, *clothe*
bekömmlich, *beneficial*
bekümmert, *distressed*
Bekümmerung (f), *distress*
beladen, *load*
belästigen, *trouble, importune*
belebt, *lively; crowded, bustling*
Beleg (m), *evidence, record*
belegen, *reserve, take (a seat)*
beleidigen, *offend, insult*
Beliebtheit (f), *popularity*
Belohnung (f), *reward;* Belohnung
   aussetzen, *offer (a) reward*
bemerkbar, *noticeable*
Bemerkung (f), *observation*
bemessen, *measure*
bemühen (refl.), *take pains,*
   endeavour
Bemühung (f), *effort*
benachrichtigen, *inform, notify*
benehmen (refl.), *behave oneself*
benommen, *confused, benumbed*
benötigen, *need, require*

Benzin (n), *petrol*
beobachten, *watch, observe*
Bequemlichkeit (f), *comfort*
beraten, *advise*
Berater (m), *counsellor, adviser*
berechenbar, *calculable*
Berechtigte(r) (m), *authorized person*
bereifen, *cover, fit with tyres*
bereit, *ready*
bereits, *already*
Bericht (m), *report, account*
berichten, *report, tell*
bersten, *burst, split*
Beruf (m), *profession, calling*
berufen, *summon;* sich auf etwas
   berufen, *refer to something*
Berufsverkehr (m), *rush-hour traffic*
beruhen, *rest (on), be founded (on)*
Berührung (f), *touch, contact*
beschädigen, *damage*
beschaffen, *procure, obtain;* (past
   part.), *constituted*
beschäftigen, *occupy, keep busy*
beschäftigt, *busy*
beschämen, *shame, disconcert*
Beschämung (f), *shame*
Bescheid (m), *information, decision;*
   Bescheid sagen, *give word*
bescheiden (vb), *allot, assign;*
   (adj), *modest*
Bescheidenheit (f), *modesty;*
   discretion
beschenken, *give a present to*
beschimpfen, *abuse, insult*
Beschimpfung (f), *abuse, insult*
Beschlag (m), *fitting; rim (of a wheel)*
beschließen, *resolve, determine*
beschränken, *limit*
beschwören, *swear (to); implore*
besehen (refl.), *inspect, have a look at*
beseitigen, *eliminate, set aside*

Besessenheit (f), *possessed state*
Besitzer (m), *owner, possessor*
besonder, *special, particular*
besorgen, *procure; see to, arrange*
besorgt, *apprehensive, concerned*
bespannen, *cover, put a covering on*
besprechen, *discuss*
Besprechung (f), *discussion, conversation*
Besserung (f), *improvement*
bestätigen, *confirm*
bestaunen, *look astonished at*
Besteck (n), *knife and fork, cutlery*
bestehen, *insist (on); consist (of); exist*
bestellen, *order*
Bestellung (f), *order*
bestenfalls, *in the best possible case, at best*
bestgemeint, *most well-meaning*
bestimmt, *certain, definite*
bestreichen, *smear*
Besuch (m), *visit*
Besucher (m), *visitor*
betäuben, *benumb, stupefy*
betonieren, *build with concrete*
Betracht (m), *consideration; in Betracht kommen, come into question*
Betrag (m), *amount*
betrauen, *entrust*
betreffen, *relate to, concern; was das Wort betrifft, as for the word*
Betreffende(r) (m), *person concerned*
betreten, *enter*
Betrieb (m), *works, factory*
Betriebsamkeit (f), *activity, industry*
betroffen, *taken aback, surprised*
Betroffenheit (f), *surprise*
betrügen, *deceive*
Betrüger (m), *impostor*

betrunken, *drunk*
betteln, *beg*
beugen, *bend*
beunruhigen, *disturb, worry*
Beute (f), *booty, spoil, prey*
Beutel (m), *bag*
bevollmächtigen, *authorize*
Bevollmächtigte(r) (m), *authorized agent*
bevorstehen, *be at hand, be in store (for)*
bewachsen, *covered with; overgrown*
bewährt, *experienced, tried*
bewältigen, *master, cope with*
Bewegung (f), *movement*
bewegungslos, *motionless*
bewehren, *arm*
beweisen, *prove; show*
bewimpeln, *dress with pennants*
bewohnen, *inhabit*
Bewunderer (m), *admirer*
bewundernswert, *admirable*
bezahlen, *pay*
bezeichnen, *denote, term*
Bezeichnung (f), *designation*
beziehen, *occupy, move into*
Beziehung (f), *connection, respect*
Bezirk (m), *area, district*
bezwingen, *control, restrain*
biegsam, *pliant, flexible*
Bienenhaus (n), *bee-house*
Bier (n), *beer*
Bilanz (f), *balance*
bilden, *form; educate, cultivate*
Bildfläche (f), *scene;* von der Bild-fläche verschwinden, *disappear from the scene*
Binsenhut (m), *hat made of rushes*
Bisamratte (f), *musk-rat*
blamabel, *embarrassing, shameful*
Blamage (f), *disgrace, embarrassment*

blank, *smooth; shining*
blasen, *blow*
blaß, *pale*
Blatt (n), *leaf; page, sheet; journal*
blättern, *turn over the leaves*
blättrig, *foliated, leafy*
bläulich, *bluish*
Bleibe (f), *lodging, shelter*
Blick (m), *glance; view*
blicklos, *deliberately ignoring*
Blickwinkel (m), *angle of vision*
blind, *blind; tarnished (of glass, etc.)*
blinzeln, *blink*
blockieren, *block*
Boden (m), *ground, soil; floor*
bohren, *bore, drill*
borgen, *borrow; lend, give credit*
Börse (f), *purse; stock exchange*
Botenjunge (m), *errand-boy*
Brandfläche (f), *patch of fire*
brandig, *burnt, burning*
Brauch (m), *custom, usage*
brauchbar, *usable, serviceable*
brauchen, *need; use*
Braue (f), *brow, eyebrow*
brausen, *roar, rush*
breiig, *pulpy, pasty*
Breite (f), *breadth*
breitkrempig, *broad-brimmed*
breitmachen (refl.), *spread (oneself) out; put on airs*
Bremse (f), *brake*
bremsen, *put on brake*
Brett (n), *board, plank*
Briefkasten (m), *letter-box*
Brille (f), *pair of glasses*
Brillenträger (m), *man with glasses*
bringen, *bring, carry;* es zu etwas bringen, *gain a position in life*
bröckelig, *crumbly*

Broschüre (f), *brochure, pamphlet*
Brot (n), *bread*
Brötchen (n), *roll (of bread)*
Bruch (m), *breach, breaking*
brüllen, *howl, roar*
Brunnen (m), *fountain; well*
Brustfell (n), *pleura; fur on chest*
Brut (f), *brood, offspring*
brüten, *brood; hatch*
Buchhaltung (f), *book-keeping*
Büchse (f), *tin*
Buchstabe (m), *letter*
buckeln (refl.), *hunch one's back*
bücken, *bend*
Bückling (m), *kipper*
bummeln, *stroll*
bunt, *bright*
Bürgermeister (m), *mayor*
Burgunder (m), *Burgundian; Burgundy wine*
Büro (n), *office*
Bürohaus (n), *office-block*
Bürste (f), *brush*
Bürzel (m), *rump*
Bürzeldruse (f), *preen gland, oil gland (of birds)*

Chance (f), *opportunity, chance*
Charité (f), *hospital*
Chor (m), *chorus; choir*
Coupé (n), *compartment*

dabei, *nearby; present; with it; yet;* niemand fand etwas dabei, *nobody saw any harm in it*
dabeisein, *be present, take part*
Dach (n), *roof*
Dach/-garten (m), *roof garden.* -kammer (f), *attic, garret.* -rinne (f), *gutter*
daheim, *at home*

dahin/-fahren, *drive along*. -flügeln,
  flutter away. -leben, *live on*
dahinterkommen, *find out, get to*
  the bottom of (something)
daliegen, *lie there*
damalig, *of that time*
Damm (m), *roadway; dam;*
  embankment; dyke
Dämmerung (f), *dusk; dawn*
Dank (m), *thanks, gratitude*
dank, *thanks (to), owing (to)*
Dankbarkeit (f), *gratitude*
daraufhin, *after that, thereupon*
darbieten, *offer*
darob, *on that account*
darstellen, *depict*
darüberhinweg, *beyond it*
Dasein (n), *existence*
dasitzen, *sit there*
dastehen, *stand (there)*
Datum (n), *date; (plur.), data, facts*
dauerhaft, *permanent, lasting*
dauern, *last, continue*
davon/-kommen, *get away, escape*.
  -laufen, *run away*. -machen
  (refl.), *make off, depart*. -ziehen,
  go off
Deckbett (n), *feather-bed, coverlet*
Decke (f), *ceiling; cover, coverlet*
Deckel (m), *lid, cover*
decken, *cover; lay (the table)*
demnach, *accordingly*
demnächst, *shortly, soon*
derart, derartig, *to such an extent,*
  so, such, of such a kind
dereinst, *some day*
dergleichen, *such, the like;* und
  dergleichen mehr, *and so forth*
derzeit, *just now, at the moment*
deuten, *point (to)*
dicht, *close, dense; tight*

dick, *thick, big, fat; viscous*
Diebsgut (n), *stolen goods*
Dielenbrett (n), *floor board*
Dienst (m), *service*
dienstbar, *subservient*
dieweil, *while*
Direktion (f), *management*
Direktor (m), *manager; managing*
  director; headmaster
Dom (m), *cathedral*
Dorf (n), *village*
dorther, *from there*
dösen, *doze; daydream*
Drache (m), *dragon; kite*
Drachen (m), *kite*
Drahtgitter (n), *wire-grating*
drängen, *press, harass*
drauf (=darauf), *on it; about it;*
  after that, thereupon
draußen, *outside*
drehen, *turn;* einen Film drehen,
  take a film
Dreieck (n), *triangle*
dreifach, *threefold*
Dreimaster (m), *three-master; three-*
  cornered hat
drein (=darein), *therein (to), as well*
drin (=darin), *in it, in*
dringend, dringlich, *pressing, urgent*
Drittel (n), *third (part)*
drohen, *threaten*
dröhnen, *rumble, resound*
Drossel (f), *thrush*
drüberhin (=darüberhin), *along*
  with that
Druck (m), *pressure*
drücken, *press*
Druck/-fehler (m), *misprint.*
  -sache (f), *printed matter*
drum (=darum), drum herum,
  around (it)

Drüse (f), *gland*
ducken (refl.), *duck, stoop*
duftend, *fragrant*
dulden, *tolerate*
dunkel, *dark*
Dunkelheit (f), *darkness*
dünn, *thin*
durchdringen, *get through; penetrate*
durcheinander/-schütteln, *shake up.*
  -wirbeln, *whirl confusedly*
durchfahren, *pass through*
durchhalten, *hold out, persist*
durchkriechen, *creep through, squeeze*
durchlesen, *read through*
durchqueren, *cross*
durchstoßen, *push through*
durchstreifen, *roam through*
durchwarten, *wait through*
durchziehen, *traverse*
dürftig, *indigent, poor, shabby*
dürr, *dry, arid*
Dusche (f), *shower(-bath)*
düster, *dark, gloomy*
Dutzend (n), *dozen*
D-Zug (m), *express train*

Echtheit (f), *genuineness*
Eckbahn (f), *sharp edge*
Ecke (f), *corner, angle*
eckig, *angular*
ehedem, *formerly*
ehemalig, *former*
eher, *rather*
ehren, *honour*
Ehrendoktor (m), *honorary doctor*
Ehrfurcht (f), *respect, awe*
ehrlich, *honest*
Eichengruppe (f), *group of oak-trees*
eiförmig, *egg-shaped, oval*
eigen, *special; own*
Eigenart (f), *peculiarity*

eigensinnig, *wayward, wilful*
eigentlich, *real, actual*
eignen, *belong (to), be typical (of)*
eilen, *hurry*
Einbahnstraße (f), *one-way street*
Einbruch (m), *inroad, breaking in*
einbüßen, *lose, forfeit*
eindringlich, *emphatic, forcible*
eindrucksvoll, *impressive*
einfahren, *drive in*
einfallen, *fall, come in; occur to*
Einfettung (f), *lubrication, greasing*
einfliegen, *fly (into)*
einflußreich, *influential*
einfügen, *insert*
eingedenk, *mindful of*
eingehen, *go in, enter; arrive;* auf
  etwas eingehen, *consent to some-*
  thing
eingleisig, *with a single track*
eingraben, *bury, conceal*
einhandeln, *buy; barter*
einhauen, *cut into, fall upon*
einher/-flattern, *flutter along.*
  -stieben, *fly around, disperse*
einholen, *collect, bring in*
einhüllen, *cover, envelop*
einig, *united*
einkaufen, *buy, do the shopping*
einklemmen, *squeeze, jam*
einkommensteuerpflichtig, *liable*
  to income-tax
einladen, *invite*
einlassen, *admit, let in;* sich auf
  etwas einlassen, *have to do with*
  something, be involved in something
einliegend, *enclosed*
einmal, *once;* auf einmal, *all at once*
einmalig, *once and for all, unique*
einnehmen, *take, take up*
einnehmend, *winning, charming*

Einöde (f), *desert, wilderness*
einpacken, *wrap up, pack up*
einprägen (refl.), *remember, note*
einrichten, *establish, arrange*
einrollen, *wind up*
einsam, *lonely*
Einsamkeit (f), *solitude*
einschätzen, *estimate*
einschießen, *shoot down; pay in; occur to*
einschließen, *enclose, shut in*
einschränken, *limit, restrict*
Einschreibepost (f), *registered post*
einschüchtern, *intimidate*
einsehen, *realize*
einsetzen, *put in, employ*
Einsicht (f), *insight; understanding, reason;* Einsicht nehmen (in), *examine*
einsinken, *sink in*
einsprechen, *urge, talk insistently to*
einstecken, *put away, pocket*
einstweilen, *for the present*
Einteilung (f), *classification, direction; division*
eintragen, *register, record*
eintreffen, *arrive*
eintreten, *enter; tread down*
Eintritt (m), *entrance*
einverstanden, *in agreement*
Einverständnis (n), *agreement*
einwandern, *immigrate*
einwandfrei, *incontestable; in order*
Einweisung (f), *installation; instruction*
einwenden, *object, demur*
einwerfen, *throw in; post (a letter); object*
Einwirkung (f), *influence*
Einwohner (m), *inhabitant*
einzeichnen, *draw in, sketch in*

Einzelheit (f), *detail*
Eisen (n), *iron*
Eisenbahn (f), *railway*
Ekel (m), *disgust, aversion*
elbabwärts, *down the Elbe*
Elbbrücke (f), *bridge over the Elbe*
elend, *wretched, miserable*
Elend (n), *wretchedness*
ellenlang, *a yard (or ell) long; very long*
Eltern (plur.), *parents*
emaillieren, *enamel*
Empfang (m), *reception;* in Empfang nehmen, *receive*
empfangen, *receive*
Empfehlung (f), *recommendation*
empfinden, *feel*
empören (refl.), *rebel*
emporheben (refl.), *rise up*
empört, *indignant*
endgültig, *definite, final*
Endung (f), *ending, termination*
eng, *narrow*
engagieren, *engage, commit*
Enge (f), *narrowness, crowded space*
Entdeckung (f), *discovery*
entfallen, *slip from, fall from*
entfalten, *unfold*
entfernt, *distant*
Entfernung (f), *distance*
entgegen/-glänzen, *gleam towards.* -gleiten, *glide towards.* -nehmen, *accept, receive.* -rutschen, *slip towards.* -streben, *strive towards*
entgegnen, *answer*
enthaaren, *remove hair*
entheben, *relieve, free (from)*
entlang/-gehen, *go along, go by.* -rutschen, *slide along*
entlassen, *dismiss*
Entlastung (f), *discharge; exoneration*
entlegen, *remote*

entreißen, *snatch*

entrichten, *pay*

entrinden, *strip (of bark)*

entscheiden, *decide*

Entscheidung (f), *decision;* eine
   Entscheidung treffen, *come to a
   decision*

entschieden, *firm, determined*

Entschiedenheit (f), *firmness,
   decisiveness*

entschließen (refl.), *decide, resolve*

entschlossen, *determined*

Entschlossenheit (f), *determination*

Entschluß (m), *decision*

entschuldigen, *excuse*

entsinnen (refl.), *remember*

entsprechend, *appropriate*

entstehen, *arise, grow out of*

enttäuschen, *disappoint, disillusion*

Enttäuschung (f), *disappointment,
   disillusionment*

entweichen, *escape*

entwerfen, *sketch, plan*

entwerten, *depreciate*

Entwurf (m), *draft; sketch*

entziehen (refl.), *withdraw*

erbärmlich, *pitiable, wretched*

Erbe (m), *heir*

Erdarbeiten (f plur.), *digging
   operations, excavation work*

Erdnuß (f), *peanut*

Erdwesen (n), *creature of the earth*

erdzu, *towards the ground*

ereignen (refl.), *happen*

Ereignis (n), *event, incident*

erfahren, *experience; learn*

Erfahrung (f), *experience*

erfahrungsgemäß, *from experience*

erfinden, *invent*

Erfolg (m), *success*

erfordern, *require, demand*

erfrischen, *refresh, cool*

erfüllen, *fulfil; fill up*

Erfüllung (f), *fulfilment*

ergeben (vb refl.), *yield; result from;*
   (adj), *submissive, resigned*

Ergebenheit (f), *submissiveness,
   resignation*

ergrauen, *turn grey*

ergreifen, *seize, take up; move,
   touch;* das Wort ergreifen, *begin
   to speak*

erhalten, *receive; keep, preserve*

erheben, *lift up, raise up;* (refl.)
   get up, stand up; Ansprüche
   erheben, *make claims;* Geschrei
   erheben, *set up a shout*

erhellen, *light up, illuminate*

erhoffen, *hope for*

erhöhen, *raise, elevate*

Erinnerung (f), *memory*

erkennbar, *recognizable*

erklären, *explain*

Erlaubnis (f), *permission*

Erlebbarkeit (f), *capacity to become
   an experience*

Erlebnis (n), *experience, adventure*

erledigt, *settled; worn out, done for*

Erledigung (f), *settlement*

erlegen, *kill*

erleichtern, *relieve*

erlösen, *save, redeem; deliver, free*

ermächtigt, *authorized, empowered*

ermatten, *become exhausted, weaken;
   fade*

Ermessen (n), *estimate, judgment*

ermöglichen, *make possible*

ermuntern, *encourage*

ernennen, *designate*

erneut, *anew, again*

erobern, *conquer*

eröffnen, *open; inform, notify*

VOCABULARY

erproben, *test, try*
Erregung (f), *agitation*
erreichen, *reach*
erschauern, *shudder, shiver*
Erscheinung (f), *appearance; figure*
erschlaffen, *languish; enervate*
Erschöpfung (f), *exhaustion*
erschrecken, *be frightened, be terrified*
erschüttern, *shake, shatter*
ersehen, *learn, infer (from)*
erst, *first; only, just*
Erstaunen (n), *astonishment, surprise*
erstehen, *buy*
ertappen, *catch, find out*
erteilen, *bestow, give*
ertönen, *sound, resound*
ertragen, *bear, endure*
ertrinken, *drown*
erwachsen, *grow up; spring from, accrue*
Erwachsene(r) (m), *adult*
erwägen, *weigh up, consider*
erwähnen, *mention*
Erwerb (m), *livelihood*
erwerben, *gain, acquire*
erwidern, *reply, return*
erzählen, *tell, relate*
Erziehung (f), *education*
erzielen, *obtain; achieve*
Esel (m), *donkey, ass*
eßbar, *eatable, edible*
Essen (n), *food; meal*
etlich, *some, several*
etwaig, *eventual, possible*
evtl. (= eventuell), *possible*

Fabrik (f), *factory*
Fachwelt (f), *expert opinion*
Faden (m), *thread*
Fähigkeit (f), *capacity*
Fähnchen (n), *pennant; slip of a dress*

fahnden, *search*
Fahne (f), *flag*
Fahrdienstleitung (f), *traffic superintendent's office*
Fahrrad (n), *cycle*
Fahrstuhl (m), *lift*
Fahrt (f), *journey, course;* kleine Fahrt, *dead-slow speed*
Falke (m), *falcon, hawk*
Fall (m), *fall; case*
Falle (f), *trap*
falten, *fold*
Fang (m), *catch, capture*
fangen, *catch, capture*
farbblind, *colour-blind*
färben, *colour, dye*
farblos, *colourless*
Farnrispe (f), *panicle of fern*
faßbar, *comprehensible*
fassen, *hold, grasp;* (refl.) *pull oneself together;* sich kurz fassen, *be brief*
Fassung (f), *form, style; composure;* aus der Fassung bringen, *disconcert, upset*
Fäulnis (f), *decay, rottenness*
Faust (f), *fist*
Feder (f), *feather; plume; pen; spring*
Federball (m), *shuttlecock*
fegen, *sweep*
Fehler (m), *mistake*
fehlerhaft, *defective*
feierlich, *solemn*
Feierlichkeit (f), *festival; solemnity*
fein, *fine, delicate; elegant*
Feinarbeit (f), *detailed work*
feinnervig, *sensitive*
Fell (n), *skin, fur, coat*
Fels (m), *rock, cliff*
Ferien (plur.), *holidays*
Fernschreiber (m), *telegraphic recorder, teleprinter*

Fernsehtruhe (f), *television set*

fertig, *ready, prepared;* sich fertig machen, *get ready*

Fest (n), *feast; festival*

fest/-fahren, *run aground, come to a standstill.* -gebannt, *spell-bound.* -halten, *cling to.* -kleben, *stick to.* -krallen, *clutch firmly*

festlich, *festive, splendid*

fest/-stehen, *be fixed, be certain.* -stellen, *ascertain, establish.* -stemmen (refl.), *offer resistance.* -ziehen, *fasten*

Fett (n), *fat, grease*

feucht, *damp*

Feuchtigkeit (f), *moisture, damp*

Fieber (n), *fever*

fiebrig, *feverish*

Filiale (f), *branch (establishment, shop)*

Filz (m), *felt*

fingern, *finger, touch, take*

Fingerspitze (f), *finger-tip*

Fink (m), *finch*

finster, *dark*

Fischotter (m or f), *otter*

Fischzug (m), *catch, haul (of fish)*

fix, *alert, nimble;* fix und fertig, *all complete*

flach, *flat*

flaggen, *flag, dress with flags*

Flaneur (m), *stroller*

Flasche (f), *bottle*

flattern, *flutter*

Flaum (m), *down, fluff*

flechten, *wreathe, interlace*

fleischig, *fleshy*

fletschen, *show (one's teeth)*

Flohspiel (n), *(game of) tiddlywinks*

Flor (m), *crape; bloom, blossom*

Flöte (f), *flute*

flottmachen, *refloat*

fluchtartig, *as if in flight*

flüchtig, *hasty, casual*

Flug (m) *flight*

Flügel (m), *wing*

flugs, *instantly*

Flur (m), *landing, passage, corridor*

flüstern, *whisper*

Flut (f), *flood*

Folgerichtigkeit (f), *consistency*

Fond (m), *rear (seat)*

Fonds (m), *funds; means;* Fondsmakler (m), *stockbroker*

fordern, *demand, require*

fördern, *further, advance*

Forderung (f), *demand*

forsch, *outspoken, vigorous*

forschen, *investigate*

fortan, *henceforth, from now onwards*

fort/-fahren, *depart, set off; continue.* -fliegen, *fly away.* -gehen, *go away.* -ziehen, *migrate, go away*

Fracht (f), *freight*

frei, *free; vacant*

Freie (n), *open, open air*

freigeben, *release, set free*

freihändig, *unsupported*

freimachen, *set free, make available*

freiwillig, *voluntary, of one's own accord*

fremdländisch, *foreign*

Freundschaft (f), *friendship*

frieren, *freeze; shiver*

Friseur (m), *hairdresser*

Fröhlichkeit (f), *merriment; cheerfulness*

Frosch (m), *frog*

frösteln, *shiver, feel chilly*

früh, *early*

Frühjahr (n), *spring*

Frühling (m), *spring*

Fuder (n), *load*

fügen (refl.), *yield to*

Fuhr/-weg (m), *track, roadway.*
-werk (n), *wagon, vehicle*

füllen, *fill, stuff*

Füllfeder (f), Füllfederhalter (m), *fountain-pen*

Fund (m), *find, discovery*

fündig, *worthwhile*

fünfjährig, *five years old*

Furchtbarkeit (f), *terribleness*

fürchten (refl.), *be afraid*

fürchterlich, *terrible*

fürderhin, *henceforward*

Fürsorge (f), *solicitude, care*

fürstlich, *princely*

Fuß/-boden (m), *floor.* -ende (n), *foot (of a bed).* -gänger (m), *pedestrian*

Gabel (f), *fork*

gähnen, *yawn*

Gang (m), *process, course; walk, stroll*

ganz, gänzlich, *whole, entire*

Garderobe (f), *cloakroom*

Gardine (f), *curtain*

Gartenfest (n), *garden-party*

Gasse (f), *lane; street*

Gast (m), *guest, visitor*

Gastgeber (m), *host*

Gatte (m), *husband*

Geäst (n), *branches*

Gebäck (n), *pastry, cake(s)*

Gebäude (n), *building*

Gebiet (n), *area, region, territory*

Gebilde (n), *creation; form*

Gebirge (n), *mountains, mountain range*

gebrauchen, *use, make use of*

gebührenpflichtig, *subject to a charge*

Gedanke (m), *thought;* sich Gedanken machen, *be worried, have misgivings*

gedanklich, *mental, intellectual*

geduldig, *patient*

geeignet, *suitable, suited*

Gefahr (f), *danger*

Gefährt (n), *vehicle, cart*

Gefährte (m), *companion*

Gefallen (m), *favour, kindness*

Gefälligkeit (f), *favour*

gefangen nehmen, *take prisoner, captivate*

Gefangene(r) (m), *prisoner*

Gefäß (n), *vessel, container*

Gefieder (n), *feathers, plumage*

gegebenenfalls, *if necessary*

Gegenargument (n), *counter-argument*

Gegend (f), *region*

Gegensatz (m), *contrast*

gegensätzlich, *contrary, opposite*

gegenseitig, *mutual*

Gegenstand (m), *object*

gegenständlich, *objective*

Gegenteil (n), *contrary;* im Gegenteil, *on the contrary*

Gehäuse (n), *case, house, receptacle*

Gehege (n), *enclosure*

geheimnisvoll, *mysterious*

gehen, *go; be, feel (in health); succeed*

Gehirn/-erschütterung (f), *concussion of the brain.* -kasten (m), *skull*

Gehör (n), *hearing*

gehorchen, *obey*

gehören, *belong*

Gehorsam (m), *obedience*

Gehsteig (m), *pavement*

Gehversuch (m), *attempt at walking*

Geistliche(r) (m), *clergyman*

gekachelt, *tiled*

Gelände (n), *land*

gelangen, *reach, arrive*

Gelaß (n), *room, space*

gelassen, *calm, composed*

Geldschein (m), *bank-note*

Gelegenheit (f), *opportunity, occasion, chance*

gelegentlich, *occasional, incidental*

Geleise (n), *track, rail*

geleiten, *escort, accompany*

gelingen, *succeed*

gellen, *resound, scream*

gelten, *be worth; be a question of; be considered (as)*

Gemälde (n), *painting*

gemeinsam, *common, together*

Gemeinschaft (f), *community*

Gemeinsinn (m), *public spirit*

Gemüse (n), *vegetable*

Gemüt (n), *mind; heart, soul; feeling*

gemütlich, *comfortable, pleasant*

Gemütsanlage (f), *frame of mind*

genau, *exact*

Genauigkeit (f), *precision*

genehm, *agreeable, suitable*

Genick (n), *back of the neck*

genieren (refl.), *feel embarrassed*

genießen, *enjoy*

Genüge (f), zur Genüge, *sufficiently*

Genuß (m), *enjoyment, pleasure*

genüßlich, *with relish*

Gepäcknetz (n), *luggage rack*

geradezu, *absolutely, downright; immediately*

geraten, *get into;* aus der Fassung geraten, *become upset, become disconcerted*

Geräusch (n), *noise*

Gerede (n), *talk, gossip*

gering, *small, humble*

gesamt, *entire, whole*

Gesandte(r) (m), *ambassador*

Geschäft (n), *business, firm; shop*

geschäftig, *busy*

geschäftlich, *business, commercial*

Geschenk (n), *present, gift*

Geschichte (f), *story; history*

geschichtslos, *without history*

Geschick (n), *fate*

Geschirr (n), *harness; crockery*

Geschmack (m), *taste*

Geschöpf (n), *creature*

Geschrei (n), *shout, cry; fuss*

Geschwätzigkeit (f), *loquacity, garrulousness*

geschweige, *much less, let alone*

Geschwister (plur.), *brother(s) and sister(s)*

Gesellschaft (f), *society*

Gesellschaftsspiel (n), *(indoor) game*

Gesetz (n), *law*

Gestalt (f), *figure*

Geste (f), *gesture*

gestehen, *confess, admit*

Gestrüpp (n), *bushes, undergrowth*

Gesundheit (f), *health*

Getreide (n), *grain*

getreu, *faithful, true*

Getuschel (n), *whispering*

gewagt, *hazardous, risky*

gewahr, *aware*

gewahren, *notice, become aware of*

gewaltsam, *violent, forcible; by force*

Gewebe (n), *fabric, texture*

Geweih (n), *antlers*

Gewicht (n), *weight*

Gewinn (m), *profit, gain*

Gewirr (n), *tangle, confusion*

Gewissen (n), *conscience*

gewissenhaft, *conscientious*

gewissermaßen, *so to speak, as it were*

gewöhnen, *accustom*

Gewohnheit (f), *habit*

gezwungen, *forced; constrained*

Gibbon (m), *gibbon*

Gitter (n), *bars (of a cage); railing, fence*

glänzen, *shine, glitter*

glanzlos, *dull, lustreless*

gläsern, *glassy, of glass*

glatt, *smooth*

glaubhaft, *credible*

gleich, *like; same;* (= sogleich) *at once, immediately*

gleich/-altrig, *of the same age.* -gültig, *indifferent*

Gleichgültigkeit (f), *indifference*

gleichkommen, *equal, match*

gleichmäßig, *equal, even*

gleichsam, *as it were, so to speak*

gleichzeitig, *simultaneous, at the same time*

gleiten, *glide, slide; skid*

Glied (n), *limb*

gliedern, *draw up in order, form up*

glimmen, *glow, glimmer*

glitzern, *glitter, sparkle*

Glückwunsch (m), *congratulation*

Glühbirne (f), *electric light bulb*

glühen, *glow, burn*

gnädig, *gracious, merciful;* gnädige Frau, *Madam*

Gönner (m), *patron*

Gottesdienst (m), *church service*

gottlob, *thank God!, thank heavens!*

graben, *dig*

grad (= gerade), *just; straight*

gradewegs (= geradewegs), *straight away, directly*

grau, *grey*

greifbar, *tangible, palpable*

Greis (m), *old man*

greisenhaft, *senile*

grell, *shrill; glaring*

Grenze (f), *limit; boundary; frontier*

Griff (m), *grasp, hold*

Grindel (*district in Hamburg*)

grob, *rough, coarse*

Groll (m), *resentment, rancour*

großartig, *splendid, magnificent*

Groß/-händler (m), *wholesale dealer.* -herzigkeit (f), *generosity.* -reinemachen (n), *spring cleaning.* -stadt (f), *large city.* -vater (m), *grandfather*

großzügig, *generous*

Grund (m), *reason; base, bottom*

Gründer (m), *founder*

Grund/-stock (m), *basis.* -stück (n), *plot of land*

Gründung (f), *founding, establishment*

grunzen, *grunt*

Gugelhut (m), *cowl, hood*

Gummi (n), *rubber*

Gummibaum (m), *gum tree*

günstig, *favourable*

gurgeln, *gurgle; gargle*

Gurt (m), *strap; belt, girdle*

Güte (f), *goodness, kindness*

Hafen (m), *harbour, port*

Hafenstadt (f), *seaport*

Hafer (m), *oats*

haftbar, *responsible, liable*

Häher (m), *jay*

Haifisch (m), *shark*

Haken (m), *hook*

Halbkreis (m), *semicircle*

Hälfte (f), *half*

Hall (m), *sound*

Halle (f), *hall, room*

Halm (m), *stalk*

Hals (m), *neck;* Hals über Kopf, *head over heels*

Halt (m), *halt, stop; support, hold;* Halt machen, *stop, make a halt*

halt (*dialect*), *just, to be sure*
Haltung (f), *attitude*
Hamm (*district in Hamburg*)
hämmern, *hammer*
Hand (f), *hand;* sich die Hand
  geben, *shake hands*
handbreit, (*to*) *a hand's breadth*
Handel (m), *trade, commerce*
handeln, *act, deal;* sich um etwas
  handeln, *be a question of something*
Handfläche (f), *palm (of the hand)*
handgreiflich, *palpable, obvious*
handhaben, *manage*
handlich, *handy, manageable*
Hand/-knöchel (m), *knuckle.*
  -langer (m), *handyman, assistant*
Handlung (f), *action*
Handlungsweise (f), *conduct*
Hand/-schuh (m), *glove.* -wagen (m),
  hand-cart. -werkszeug (n), *tools*
Hang (m), *slope, incline; inclination*
hangeln, *move along while hanging*
  by the hands
hängen, *hang, suspend;* hängen
  bleiben, *be caught (in), be stuck (in)*
Härchen (n), *little hair, down*
Harm (m), *grief; harm, wrong*
Harpyie (f), *harpy*
hart, *hard*
Härte (f), *hardness*
hartnäckig, *stubborn*
Hase (m), *hare*
hasten, *hasten, hurry*
hastig, *hasty*
Hauch (m), *breath*
hauchen, *breathe*
Hauer (m), *fang, tusk*
häufig, *frequent*
Hauptgebäude (n), *main building*
Hauseingang (m), *house doorway*
hausen, *live, house*

Häuserblock (m), *block of houses*
Hausflur (m), *hall, vestibule*
Hausierer (m), *hawker*
Haus/-meister (m), *caretaker, porter.*
  -tür (f), *front-door, street-door*
Haut (f), *skin*
Hecke (f), *hedge*
heftig, *intense; violent*
Heide (f), *heath*
heilen, *heal*
Heiligtum (n), *sanctuary, precious*
  object
heim/-gehen, *go home.* -kehren,
  return home
heimisch, *home(ly), domestic*
heimlich, *secret*
Heimlichkeit (f), *secrecy*
heimtückisch, *malicious*
Heimweg (m), *way home*
heiser, *hoarse*
Heizung (f), *heating, heater*
hektisch, *hectic*
Helm (m), *helmet*
herab/-blicken, *look down on.*
  -fallen, *fall down.* -holen, *fetch*
  down. -nehmen, *take down*
heran/-kommen, *draw near,*
  approach. -nicken, *beckon along.*
  -treten, *step up to.* -winken,
  summon, beckon. -ziehen, *bring in,*
  call upon
herauf/-bitten, *request (someone) to*
  come up. -kommen, *come up.*
  -tragen, *carry up*
heraus/-fahren, *drive out;* fuhr halbe
  Achten heraus, *executed a series*
  of half figure eights. -fordern,
  challenge, defy. -kommen, *come*
  out. -nehmen, *take out.* -platzen,
  burst out. -rufen, *call forth.*
  -schleudern, *hurl out*

VOCABULARY

heraußen, *outside*

heraus/-springen, *jump out.*
-stecken, *put out.* -stellen, *put out.*
-strecken, *stretch out.* -suchen,
pick out, find. -treten, *step out.*
-ziehen, *take out*

herbeidirigieren, *summon over here,
direct over here*

Herbst (m), *autumn*

herein!, *come in!*

herein/-hangen, *hang down (into).*
-kommen, *come in.* -kurven,
turn (in). -tragen, *carry in.* -treten,
come in

hergeben, *give up, hand over*

hergehen, *happen, go on*

herkommen, *come from*

Herkunft (f), *origin*

hermachen, *make of (something),
attach importance to*

Herrenhaus (n), *large house, mansion*

herrichten, *set in order*

herrufen, *call (up here);* es wird
hinter mir hergerufen, *I am talked
about*

herstammen, *come from, originate*

herstellen, *produce, manufacture*

herüber/-blicken, *look across.*
-dringen, *penetrate across.*
-kommen, *come across.* -schauen,
look across

herum/-fliegen, *fly around.* -gehen,
go around; es geht mir im Kopf
herum, *it goes on in my mind.*
-klettern, *climb about.* -kommen,
travel about. -laufen, *run around,
roam around.* -liegen, *lie around.*
-reiben, *rub around.* -sitzen, *sit
around.* -stehen, *stand around.*
-stelzen, *strut about.* -tanzen, *dance
around.* -tragen, *carry round, spread*

(news). -treiben (refl.), *go about
(with).* -werfen, *turn sharply*

herunterholen, *fetch down*

hervor/-fingern, *take out (with the
fingers).* -gehen, *follow from, be
evident from; go forth.* -holen, *fetch
out.* -quellen, *break through, come
forward.* -wachsen, *grow forth*

herzensgut, *kind-hearted*

Herzleiden (n), *heart disease*

herzlich, *hearty, cordial*

Herzlichkeit (f), *cordiality, warmth*

Herzschlag (m), *heart failure*

Heu/-fuder (n), *load of hay.*
-wagen (m), *hay-cart*

heulen, *cry, weep; howl*

heutzutage, *nowadays, today*

hiesig, *local*

hilfsbereit, *helpful, obliging*

Hilfsbereitschaft (f), *helpfulness*

Hilfskraft (f), *assistant*

Himmel (m), *heaven, sky;* 'Himmel
und Hölle', *hopscotch*

Himmelsrichtung (f), *point of the
compass*

hinab/-beugen, *bend down.* -blicken,
look down. -lassen (refl.), *let oneself down.* -reichen, *extend down.*
-sehen, *look down.* -sinken, *sink
down.* -springen, *jump down.*
-steigen, *climb down.* -stürzen,
throw down; fall down. -versetzen,
move down, transfer down

hinauf/-fahren, *go up, ascend.*
-steigen, *rise up, ascend; climb up*

hinaus/-fahren, *go out, travel out.*
-gehen, *go out.* -ragen, *project,
jut out.* -reichen, *hand out.* -rollen,
roll out. -schleudern, *hurl out.*
-schwimmen, *swim out.* -stieren,
stare out. -stürzen, *rush out.*

hinaus/(cont.)

-tönen, *sound out, resound.* -treten,
step out

hindecken, *cover*

hinein/-bugsieren, *drag in.* -gehen,
go in. -geraten, *get into.* -heiraten,
marry into. -reißen, *pull into, drag
into, involve.* -starren, *stare in.*
-stoßen, *thrust (into).* -tun, *put
into.* -weinen, *weep into.*
-zwingen, *force into*

hin/-fliegen, *fly about.* -geraten, *get
there.* -gleiten, *slip along.* -halten,
hold out. -hocken, *squat down.*
-huschen, *flit (by).* -leben, *live on.*
-rennen, *run down.* -sagen, *talk
lightly;* vor sich hinsagen, *say to
oneself.* -schießen, *shoot away.*
-sehen, *look.* -setzen (refl.), *sit
down*

Hinsicht (f), *respect, regard*

hin/-stürzen, *fall down.* -summen,
go on humming

Hintergasse (f), *street at the rear*

hinterher, *behind, in the rear*

hinterlassen, *leave, bequeath*

Hinterlassenschaft (f), *estate, property
left*

hintüber (= hinüber), *across*

hinüber/-drängen, *press across, hurry
across.* -führen, *lead across.* -gehen,
go over. -kommen, *come over.*
-nicken, *nod across to.* -schleichen,
creep over. -sehen, *look across.*
-tragen, *take across.* -ziehen, *pull
across, drag over*

hinuntersinken, *sink down*

hinweg/-setzen (refl.), *disregard,
brush aside.* -täuschen, *deceive.*
-zielen, *aim away*

hinweisen, *point to*

hinweisend, *demonstrative*

hin/-werfen, *fling, throw down;
write down.* -ziehen, *delay, protract*

hinzufügen, *add*

Hirn (n), *brain*

Hitze (f), *heat*

Hochachtung (f), *esteem, respect*

hocharbeiten (refl.), *work oneself up*

Hochbahnhof (m), *overhead
railway-station*

hoch/-drücken, *press up.* -nehmen,
lift high up. -reißen, *snatch up.*
-schlagen, *turn up (one's collar).*
-schweben, *float up.* -steigen, *rise,
climb up.* -stoßen, *push upwards.*
-zerren, *pull up.* -ziehen, *pull up*

hocken, *squat*

Hof (m), *yard; farm; court*

Höflichkeit (f), *courtesy*

Höhepunkt (m), *peak, culminating
point, climax*

höhlen, *hollow out*

Hölle (f), *hell*

Holzgestell (n), *wooden frame*

Honorar (n), *fee*

hörbar, *audible*

hörig, *belonging to, in bondage to*

Hosentasche (f), *trouser pocket*

Hügel (m), *hill, hillock*

hüh!, *gee up!*

Huhn (n), *fowl, poultry; chicken;
hen*

hundertfach, *hundredfold*

hundsgemein, *very low; awful,
terrible*

hupen, *hoot, sound the horn*

huschen, *glide, flit*

husten, *cough*

Illustrierte (f), *illustrated paper*

immerhin, *all the same, nevertheless*

imstande sein, *be able, be in a position (to)*
Indianer (m), *Red Indian*
Industrielle(r) (m), *industrialist*
Ingenieur (m), *engineer*
Inhalt (m), *contents*
inkonsequent, *inconsistent*
innehalten, *pause*
Innen/-fläche (f), *inner surface.* -stadt (f), *inner part of a town, centre of a city*
innig, *fervent, intimate*
inspizieren, *inspect*
Internat (n), *boarding school*
inzwischen, *meanwhile, in the meantime*
irgendwo, *somewhere*
Irrsinn (m), *insanity, madness*

Jacke (f), *jacket, coat*
Jagd (f), *hunt(ing)*
Jäger (m), *hunter*
jäh, *sudden, abrupt*
Jahr (n), *year;* vor Jahr und Tag, *a long time ago; at least a year ago*
jahrelang, *(lasting) for years*
Jahr/-hundert (n), *century.* -zehnt (n), *decade*
jauchzen, *jubilate, exult*
jedenfalls, *in any case*
jederzeit, *always*
jedesmal, *each time*
Jude (m), *Jew*
Jugend (f), *youth;* Jugendfreund (m), *friend of one's youth*
Junggeselle (m), *bachelor*
jüngst, *youngest; latest, most recent*
Jurist (m), *lawyer*
juristisch, *legal, relating to the law*

Käfer (m), *beetle*

Käfig (m), *cage*
Kai (m), *quay*
Kaiseradler (m), *imperial eagle*
Kalbsschnitzel (n), *veal cutlet*
Kamin (m), *fireplace*
kandidieren, *put oneself up (as candidate)*
Kanne (f), *can*
Kante (f), *edge, corner*
Kappe (f), *cap*
kaputt, *broken, ruined;* kaputt gehen, *come to pieces, collapse*
Karaffe (f), *carafe*
kariert, *chequered, checked*
Karre (f), *cart, barrow; truck*
Karren (m), *cart*
Karte (f), *card; map; ticket; menu*
Kartoffelpüree (n), *potato purée*
Kasse (f), *ticket-office; pay-office*
Kassierer (m), *cashier*
Kastanie (f), *chestnut (-tree)*
Kasten (m), *case; box*
Katze (f), *cat*
kauen, *chew*
Kauf (m), *purchase*
Käufer (m), *purchaser*
Kauf/-haus (n), *departmental stores.* -mann (m), *merchant; tradesman*
kehrtmachen, *turn back*
Kehrtwendung (f), *turn*
Keller (m), *cellar*
Kellner (m), *waiter*
Kenner (m), *connoisseur*
Kessel (m), *kettle*
Kettenladen (m), *chain-store*
keuchen, *pant*
kichern, *giggle*
Kinn (n), *chin*
Kinnlade (f), *jaw-bone*
Kippe (f), *fag end, stub*
kippen, *tip, tilt*

Kirche (f), *church*
Kirsche (f), *cherry*
Kiste (f), *box*
klagen, *complain*
klammern, *cling, clasp*
klatschen, *clap; flap*
kleben, *stick, cling*
klebrig, *clammy; sticky*
kleiden, *clothe*
Kleidungsstück (n), *article of clothing*
Kleinigkeit (f), *small thing, bagatelle*
kleinlich, *petty, mean*
klettern, *climb*
Klima (n), *climate*
klimmen, *climb*
Klingel (f), *bell*
klingeln, *ring (the bell)*
Klingelspiel (n), *chime, peal*
klingen, *sound*
klirren, *clatter*
klopfen, *knock*
Kloster (n), *monastery*
klug, *prudent, shrewd; clever*
Knackslaut (m), *clicking sound*
knarren, *creak*
knattern, *crackle, rattle*
Knäuel (m), *knot, ball, tangle*
knickerig, *mean, niggardly*
knirschen, *grind, creak*
knistern, *crackle*
knittern, *crease, crumple*
Knöchel (m), *knuckle*
Knochen (m), *bone*
knochig, *bony*
Knopf (m), *button*
knorrig, *knotty, gnarled*
Kochtopf (m), *saucepan*
Koffer (m), *case, trunk*
Kollege (m), *colleague*
kommen, *come;* zu sich kommen,
  come round, recover

Kommode (f), *chest of drawers*
Konfitüren (f plur.), *jam, preserves*
Konjunktur (f), *state of business; boom*
Konservenbüchse (f), *tin, can*
Konto (n), *account*
Kopfbedeckung (f), *head covering*
kopflastig, *top-heavy*
Kopftuch (n), *head-cloth, scarf*
Korb (m), *basket; crate*
Kormoran (m), *cormorant*
Korn (n), *grain; corn*
Körperchen (n), *little body*
körperlich, *bodily*
kostbar, *valuable*
Kosten (plur.), *expenses, costs*
köstlich, *costly, precious, excellent*
krachen, *crash*
krächzen, *caw*
kraftlos, *weak, powerless*
Kragen (m), *collar*
Krähe (f), *crow*
krallig, *claw-like*
kramen, *rummage*
Kramladen (m), *small shop,*
  general stores
Krampf (m), *cramp, convulsion*
krampfen, *clench*
krampfhaft, *frantic, convulsive*
Kran (m), *crane*
krank, *ill*
kränken, *offend*
kränklich, *ailing, in poor health*
Kraut (n), *plant, weed*
Kreis (m), *circle*
kreischen, *shriek, screech*
kreisen, *circle, turn*
Kreisverkehr (m), *roundabout traffic*
Krempel (f), *card, carding-comb*
kriechen, *creep*
Krieg (m), *war*
kriegen, *get, obtain*

Kriegs/-läufte (m plur.), *times of war, course of war.* -wirren (f plur.), *confusions of war*
krümmen, *bend, curve;* (refl.) *wriggle, writhe*
Kübel (m), *tub, pail*
Küche (f), *kitchen; cuisine*
Kuchen (m), *cake*
Kuckuck (m), *cuckoo*
Kugelschreiber (m), *ball-point pen*
Kühle (f), *coolness*
Kühlschrank (m), *refrigerator*
kühn, *bold*
Kühnheit (f), *boldness*
Kultur (f), *civilization; culture*
Kummer (m), *sorrow, care*
Kumpel (m), *fellow, chap*
Kunde (m), *customer, client*
Kurs (m), *circulation; exchange; course*
Kurswagen (m), *through carriage*
Kurve (f), *curve, bend*
kurven, *curve, turn*
kurzatmig, *short-winded*
Kürze (f), *brevity;* in Kürze, *soon*
kurzgeschoren, *close-cropped*
kurzlebig, *short-lived*
Kurzweil (f), *entertainment, amusement*
küssen, *kiss*

lächeln, *smile*
lächerlich, *ridiculous*
lacken, lackieren, *varnish*
Ladefläche (f), *loading surface*
Laden (m), *shop*
Laderampe (f), *loading platform*
Laffe (m), *fop, dandy*
Lage (f), *situation*
Lagerhaus (n), *warehouse*
lagern, *be stored; lay down*

Lagerung (f), *storage*
lähmen, *lame, paralyse*
Lampenschirm (m), *lamp shade*
landen, *land*
Land/-haus (n), *country house.* -karte (f), *map.* -leute (plur.), *country-people*
ländlich, *rural*
Landstrich (m), *strip of land*
langsam, *slow*
langweilen, *bore*
langwierig, *lengthy, protracted*
Larve (f), *grub, larva*
lasch, *limp, slack*
Lastwagen (m), *lorry*
lateinisch, *Latin*
Latte (f), *lath*
Laub (n), *foliage, leaves*
Laubsänger (m), *wood warbler*
Lauf (m), *course;* Lauf lassen, *give vent (to)*
Laufbahn (f), *career*
launisch, *moody, ill-humoured*
lauschen, *listen*
lausen (refl.), *pick (one's) lice*
laut, *loud, audible;* laut werden, *become known, become noisy*
lauten, *sound; read*
läuten, *ring the bell*
lauter, *nothing but, sheer*
lautlos, *silent*
Leben (n), *life;* ums Leben kommen, *lose one's life*
lebendig, *living; vigorous*
Lebensmittel (n plur.), *food*
Lebewesen (n), *living being*
leblos, *lifeless; inanimate*
lecken, *lick*
leer, *empty;* leergesoffen, *drunk empty*
Leere (f), *emptiness*

Lehne (f), *back (of a chair), arm (of a chair)*

lehnen, *lean*

Lehre (f), *rule; teaching;* in die Lehre gehen, *be apprenticed*

Leib (m), *body*

leiblich, *physical*

leicht, *light*

Leichtigkeit (f), *lightness; ease*

Leichtsinn (m), *thoughtlessness*

leid; (es) tut mir leid, *I am sorry*

leider, *unfortunately*

Leihgabe (f), *loan*

Leine (f), *rope; line*

Leinwand (f), *linen*

leise, *soft, gentle*

Leiste (f), *ledge, moulding*

leisten, *accomplish, carry out;* sich etwas leisten, *afford something*

Leistung (f), *achievement*

Leitnantleben (= Leutnant (m)), *lieutenant*

Lektüre (f), *reading*

lenken, *guide, control; turn, go*

Lerche (f), *lark*

leuchten, *light, illuminate*

Lianentrieb (m), *(young) shoot of liana*

lichten, *lighten; thin*

Licht/-hof (m), *inner court.* -widerschein (m), *reflection of light*

lichtlos, *dark, dusky*

liebenswürdig, *sympathetic, kind*

Liebhaber (m), *connoisseur; lover; amateur*

liebkosen, *caress*

Liebkosung (f), *caress*

lieblos, *loveless, unkind*

liefern, *deliver*

Lieferwagen (m), *delivery van*

Liegemöbel (n plur.), *garden furniture*

liegen, *lie;* es liegt daran, daß..., *it is due to the fact that...;* es liegt mir daran, *it matters to me*

Loch (n), *hole*

Locke (f), *lock (of hair)*

Lodenhut (m), *hat made of rough woollen cloth*

Lohn (m), *wages, salary*

los, *loose, free; go on! go ahead!; wrong;* etwas los sein, *be rid of something;* sie wollten auf dich los, *they wanted to go for you*

löschen, *put out, extinguish*

lösen, *loosen, untie; detach; solve*

los/-bekommen, *get free, dislodge.* -hasten, *hurry off.* -lassen, *let go.* -laufen, *run off.* -machen, *set free*

Lösung (f), *explanation, solution*

los/-werden, *get rid of.* -werfen, *cast off*

luftschlagend, *beating the air*

Luftzug (m), *draught of air*

Lüge (f), *lie, falsehood*

lustig, *merry, gay; amusing;* sich über uns lustig machen, *make fun of us*

Machart (f), *style, pattern*

machen, *make;* mach nur!, *go on!;* mach schon!, *hurry up!*

mächtig, *mighty, powerful*

mager, *thin, lean*

mahlen, *grind*

Mahlzeit (f), *meal*

mahnen, *admonish*

mal (= einmal), *now, just;* nicht mal, *not even;* noch mal, *once more*

man, *one, we, they;* (dialect), *but, only*

Mangel (m), *lack*

mangelhaft, *faulty*

mangeln, *lack, be wanting;* es mangelt uns (an), *we are wanting (in)*

Manier (f), *manner*

mannigfach, *diverse, various*

Mannschaft (f), *team*

mannshoch, *of a man's height*

Mantel (m), *coat, overcoat; cloak, robe*

Mappe (f), *briefcase*

Markgraf (m), *margrave*

Marktbericht (m), *market report*

Marmor/-aufgang (m), *marble staircase.* -büste (f), *marble bust*

Maß (n), *measure; moderation*

Masse (f), *mass, heap*

mäßig, *moderate*

maßlos, *boundless*

Maßstab (m), *scale; measure; criterion*

materiell, *material*

matt, *faint, dull, subdued*

Maus (f), *mouse*

Mäuschen (n), *little mouse*

mechten (= möchten)

mehrerlei, *of various kinds*

mehrfach, *manifold; repeated*

mehrmals, *several times*

mehrtägig, *lasting several days*

meinen, *believe, think; mean, intend*

meinetwegen, *on my account; as far as I am concerned*

Meinung (f), *opinion*

melden, *report*

Menge (f), *quantity; crowd*

merken, *notice*

merklich, *noticeable, perceptible*

merkwürdig, *remarkable; strange, curious*

messen, *measure*

Messer (n), *knife*

Messingbeschlag (m), *brass fitting*

Mietshaus (n), *block of flats, tenement house*

Milchbart (m), *downy beard; milksop*

milchweiß, *milky white*

mischen, *mix*

Mißachtung (f), *disregard, disrespect*

mißbrauchen, *misuse*

Mißgeschick (n), *misfortune*

mißglücken, *fail, miscarry*

Mißmut (m), *displeasure*

mißmutig, *ill-humoured, sullen*

mißtrauisch, *mistrustful*

mißverstehen, *misunderstand*

Mit/-arbeiter (m), *fellow-worker.* -bewohner (m), *fellow-tenant*

mitbringen, *bring (along with)*

Mitbürger (m), *fellow-citizen*

mit/-kommen, *come too.* -nehmen, *take with one.* -rennen, *run along with.* -schicken, *enclose.* -schwemmen, *carry along*

Mittag (m), *midday, noon*

mitteilen, *inform, impart*

Mitteilung (f), *information*

Mittel/-alter (n), *Middle Ages.* -punkt (m), *centre.* -stück (n), *central piece*

mittler, *central, middle*

mittlerweile, *in the meantime*

mitunter, *at times*

mitzählen, *count (too)*

Möbel (n plur.), *furniture*

möblieren, *furnish*

Mohrrübe (f), *carrot*

Mond (m), *moon*

morgendlich, *(in the) morning*

morsch, *rotten*

Motor (m), *engine*

müde, *tired*

Mühe (f), *effort, trouble*
mühsam, *laborious, troublesome*
Müll/-kasten (m), -tonne (f), *dustbin*
mummifizieren, *mummify*
Mund (m), *mouth*
Mündel (m), *ward, minor;*
    mündelsicher, *absolutely safe, safe
    enough for the investing of trust-
    money*
Murmel (f), *marble (for boys' game)*
murmeln, *murmur*
mürrisch, *sullen, surly*
Musikkasten (m), *juke-box*
müßig, *leisurely, idle*
Muster (n), *model, pattern*
Mut (m), *courage*
Mütze (f), *cap*

na!, *well!, now!*
Nachbar (m), *neighbour*
nachdenken, *meditate, ponder*
Nachfahr (m), *descendant, successor*
nachfolgend, *following*
Nachfolger (m), *successor*
nachforschen, *investigate*
Nachforschung (f), *investigation*
nachfragen, *investigate, inquire after*
Nachhilfe (f), *assistance*
nach/-holen, *make up for, retrieve.*
    -kommen, *follow; discharge (an
    obligation)*
Nach/-lässigkeit (f), *negligence.*
    -prüfung (f), *checking*
nach/-rechnen, *check, calculate
    afterwards.* -reden, *say (of some-
    one), speak ill (of someone).*
    -rennen, *run after*
Nachricht (f), *news*
nach/-schicken, *send on, forward.*
    -sehen, *look after, look at;
    investigate; inspect*

Nachsicht (f), *indulgence,
    forbearance*
nach/-sprechen, *say after, repeat.*
    -suchen, *look for, search after*
Nachtisch (m), *dessert*
nachträglich, *belated; after the event*
nachweisen, *prove, establish*
nachweislich, *demonstrable*
Nachzahlung (f), *additional payment*
Nacken (m), *neck*
nackt, *naked*
nah, *near;* an Näherem, *in any detail*
nähern (refl.), *approach*
Nahrungsmittel (n plur.), *foodstuffs*
namenlos, *anonymous*
namentlich, *especially; by name*
namhaft, *well-known*
nämlich, *namely, that is to say*
Näße (f), *wet(ness), damp(ness)*
naßkalt, *damp and cold*
Nebel (m), *mist, fog*
neben/-bei, *by the way, incidentally.*
    -sächlich, *incidental*
Neben/-straße (f), *side-street, minor
    road.* -tisch (m), *nearby table.*
    -zimmer (n), *adjoining room*
neblig, *misty, foggy*
neiderfüllt, *full of envy*
nennenswert, *worth mentioning*
nesteln, *touch clumsily, fiddle (with),
    play (with)*
nett, *nice, pleasant*
Neugierde (f), *curiosity*
Neuigkeit (f), *(piece of) news*
neulich, *recent*
Nichtskönner (m), *incapable (person)*
nichtssagend, *meaningless*
nicken, *nod*
nieder/-lassen (refl.), *settle down,
    establish oneself.* -reißen, *demolish.*
    -schlagen, *cast down (eyes).*

132

nieder / (cont.)
-schreiben, *write down*. -senken
(refl.), *sink, fall*
niedrig, *low*
Nieselregen (m), *drizzle*
Nilpferd (n), *hippopotamus*
nippen, *sip*
Nordpol (m), *North Pole*
notariell, *notarial, attested by a notary*
Notbaracke (f), *emergency hutment*
notdürftig, *necessitous, makeshift*
Notiz/-block (m), *memo pad*.
    -buch (n), *note-book*
nottun, *be necessary*
notwendig, *necessary*
nüchtern, *sober*
Nuß (f), *nut*
Nutzen (m), *use, advantage*
nutzlos, *useless*

oben/-drein, *over and above*. -hin,
    perfunctorily; bis obenhin, *up to
    the top*
Ober (m), *(head) waiter*
Ober/-arm (m), *upper arm*.
    -schenkel (m), *upper thigh*.
    -schule (f), *secondary school*.
    -wärter (m), *chief keeper, chief
    attendant*
Obst (n), *fruit*
obwohl, *although*
offenbar, *obvious, evident*
offenstehen, *stand open*
Öffentlichkeit (f), *public; publicity*
Offerte (f), *offer*
oft, öfters, des öfteren, *frequently*
ohnehin, *in any case, besides*
Ölfleck (m), *patch of oil*
Oper (f), *opera*
Opfer (n), *sacrifice, offering; victim*
ordentlich, *orderly, respectable*

ordnen, *arrange, order*
Ordnung (f), *order, ordering*
ordnungsgemäß, *orderly, regular*
Ort (m), *place, locality*
Ortschaft (f), *village, small town*
Ostasien (n), *Eastern Asia, the Far
    East*
Ostern (n or plur.), *Easter*

Päckchen (n), *package*
packen, *seize*
paffen, *puff*
panisch, *panic; of the god Pan*
Papierhandlung (f), *stationer's shop*
Paprika (m), *paprika, red pepper*
Park/-platz (m), *car park*. -verbot
    (n), *no parking*
passen, *fit, suit*
passieren, *happen, occur; pass through*
Passus (m), *passage*
pausenlos, *uninterrupted*
Pech (n), *pitch; bad luck*
peinlich, *painful; embarrassing;
    scrupulous*
Peinlichkeit (f), *painfulness;
    embarrassment; carefulness*
peitschen, *whip*
pendeln, *swing; travel in shuttle-
    service*
Pendelzug (m), *local train*
pensionieren, *pension (off)*
Pensionsbezüge (m plur.), *income
    from a pension*
Perle (f), *pearl*
Personalabteilung (f), *personnel
    department*
Petrus (m), *Peter (the Apostle)*
Pfau (m), *peacock*
Pfeil (m), *arrow*
Pfiff (m), *whistle*
Pfingsten (n or plur.), *Whitsun(tide)*

VOCABULARY

Pflaster (n), *pavement, paving; plaster*
Pflegeeltern (plur.), *foster-parents*
pfleglich, *careful*
pflichtgemäß, *dutiful*
Pförtner (m), *porter*
Pförtnerhaus (n), *porter's lodge*
phrygisch, *Phrygian*
Pirol (m), *oriole*
Plan (m), *plan; level ground, open space*
Plane (f), *cover, tarpaulin*
planen, *plan*
platt, *flat*
Platte (f), *plate, dish*
plattfüßig, *flat-footed*
Platz (m), *space, room; seat, place*
platzen, *burst*
Pleuelstange (f), *connecting rod*
plötzlich, *sudden*
plustern, *ruffle*
Polen (n), *Poland*
Polizeirevier (n), *police station*
polnisch, *Polish*
Polster (n), *cushion, pillow; padding*
Polsterklasse (f), *upholstered class*
(i.e. *first or second class*)
polstern, *upholster, pad*
Portal (n), *portal, entrance porch*
Portemonnaie (n), *purse*
Poststempel (m), *postmark*
präsentieren, *present*
Präzedenzfall (m), *precedent*
Preis (m), *price; prize*
preisgeben, *reveal, expose*
Privatkontor (n), *private office*
Prokurist (m), *head clerk*
Prophezeiung (f), *prophecy*
Prospekt (m), *prospectus; prospect*
Provision (f), *commission, brokerage*
Prozedur (f), *procedure*
Prozeß (m), *lawsuit*
prüfen, *examine*

prügeln, *beat*
prusten, *snort*
pünktlich, *punctual*
Putzfrau (f), *charwoman*

Quadrat (n), *square*
quadratisch, *square*
Quadratmeter (n), *square metre*
quälen, *torture*
Qualm (m), *smoke, fumes*
qualmen, *steam, puff*
quellen, *flow forth, spring (from)*
quer, *across, oblique(ly)*
querab, *off, athwart*
querlegen (refl.), *lie across*
quieken, *squeal, squeak*

rächen (refl.), *take revenge*
Rad (n), *wheel;* unter die Räder
kommen, *get into difficulties,
go to the dogs*
ragen, *project*
rahmen, *frame*
Rahmen (m), *frame; scope, scale*
rammen, *ram*
Rand (m), *edge*
randen, *border*
rasch, *quick*
rasen, *rush; rage*
Rasthaus (n), *restaurant*
raten, *advise*
ratlos, *perplexed*
Ratlosigkeit (f), *perplexity*
rätselhaft, *enigmatic*
rattern, *rattle, clatter*
Raub/-tier (n), *beast of prey.* -vogel
(m), *bird of prey.* -zug, *marauding
expedition, raid*
rauchen, *smoke*
rauf (=herauf), *up;* rauf/-klettern,
climb up

rauh, *rough*
Raum (m), *room, space*
räumen, *vacate; clear away, remove*
raunen, *whisper*
raus (=heraus), *out (here)*
Rausch (m), *intoxication*
rauschen, *rustle, rush, roar*
räuspern (refl.), *clear one's throat*
raussuchen (=heraussuchen), *choose*
rechnen, *reckon, calculate*
rechnerisch, *mathematical, arithmetical*
Rechnung (f), *calculation; account*
recht, *right;* recht geben, *agree (with); admit (that someone is right)*
rechten, *dispute, remonstrate*
rechtlich, *legal; proper*
Rechtsfall (m), *legal case*
rechtsgültig, *legally valid*
recken, *stretch (out), extend*
Rede (f), *speech, talk;* wovon ist die Rede ? *what is the discussion about?*
redlich, *honest*
reg, rege, *lively, alert*
regeln, *regulate, arrange*
Regen/-rinne (f), *gutter.* -wurm (m), *earth-worm*
reglos, *motionless*
Regung (f), *impulse, movement*
reiben, *rub; grate*
reichen, *hand, pass, reach*
reichlich, *ample*
Reife (f), *ripeness; maturity*
Reihe (f), *row*
rein (=herein), *in, in here;* reinsehen, *look in*
Reis (m), *rice*
Reisende(r) (m), *traveller; passenger*
reißen, *tear, drag, pull*
reizen, *provoke*

renken, *turn, wrench*
rennen, *race, run*
Renntiergehege (n), *reindeer enclosure*
repräsentieren, *represent, keep up appearances*
Rest (m), *residue, remaining portion*
restlich, *remaining*
retten, *save, rescue*
richten, *direct;* sich nach ihm richten, *adjust oneself to him*
Richtigkeit (f), *correctness, rightness*
Richtung (f), *direction*
riechen, *smell*
Riese (m), *giant*
riesig, *gigantic, enormous*
Rinde (f), *bark (of a tree); crust (of bread)*
ringsum, *round about, on all sides*
Riß (m), *tear, rent*
röcheln, *rattle in the throat; be noisy*
Roggen (m), *rye*
Rohr (n), *tube*
Rokoko (n), *Rococo*
Rolle (f), *cylinder; roller; role, part*
rollen, *roll*
Roman (m), *novel*
Römerin (f), *Roman woman*
römisch, *Roman*
Rosine (f), *raisin, sultana*
Rost (m), *rust*
rösten, *roast, grill; toast*
Röte (f), *red, redness*
rotieren, *rotate*
rötlich, *reddish*
Rubenshut (m), *hat in the Rubens style*
rüber (=herüber), *over, across (this way);* rüberkommen, *come across*
rücken, *advance, move*
Rücken (m), *back*

Rück/-grat (n), *backbone, spine.*
-kehr (f), *return.* -reise (f), *return
journey.* -sicht (f), *consideration,
respect.* -stellung (f), *transfer to
reserve.* -wand (f), *back (wall).*
-weg (m), *way back.* -zug (m),
retreat
rudern, *row*
Ruf (m), *call, shout; reputation*
Ruhe (f), *quiet, calm; silence*
Ruhm (m), *fame*
rühmen, *commend, extol*
rühren, *move, stir*
rumpeln, *rumble*
Runde (f), *circle, company*
runden, *round*
Rundflug (m), *circular flight*
runter (=herunter), *down;*
runter/-gucken, *look down.*
-ziehen, *pull down*
ruppig, *unmannerly*
Rüssel (m), *snout*
Rutsch (m), *slip; skid*
rutschen, *slip; skid*
rütteln, *shake*

Sache (f), *thing, object; affair,
business;* bei der Sache sein, *pay
attention*
sachlich, *matter-of-fact; factual,
impartial*
Sack (m), *sack, bag*
Sackgasse (f), *cul-de-sac*
Salon (m), *(hairdressing) saloon;
drawing-room*
Salz (n), *salt*
Sämereien (f plur.), *seeds*
sammeln, *collect*
Sammelplatz (m), *collecting place*
Sammlung (f), *collection; composure*
sämtlich, *all, entire*

Sandgebäck (n), *Madeira cake*
sandig, *sandy*
sanft, *soft, gentle*
Sänger (m), *singer*
Sarg (m), *coffin*
satt werden, *eat one's fill*
sättigen, *satiate*
Satz (m), *jump, leap; sediment;
sentence*
sauber, *clean*
Säuberung (f), *cleaning, cleansing*
Säule (f), *column*
S-Bahn (f) (=Schnell-Bahn), *high-
speed railway (e.g., in Berlin)*
schäbig, *shabby*
Schach (n), *chess*
Schacht (m), *shaft*
schade, *unfortunate, (a) pity*
Schädel (m), *skull*
schädlich, *harmful*
Schäferpoesie (f), *pastoral poetry*
schaffen, *create; make, accomplish;*
zu schaffen machen, *cause trouble*
Schalter (m), *booking-office*
Scham (f), *shame, modesty*
schämen (refl.), *be ashamed*
scharf/-gehörnt, *sharp-horned.*
-kantig, *sharp-cornered*
scharren, *scrape (with the feet);
paw the ground (of horses)*
schattenhaft, *shadowy*
schätzen, *esteem, value*
Schaufenster (n), *shop-window,
shop-front*
schäumen, *foam*
schaurig, *horrible, terrible*
Schauspielhaus (n), *theatre, playhouse*
Scheck (m), *cheque*
Scheibe (f), *pane (of glass); slice*
scheitern, *fail; be wrecked*
schelten, *scold*

136

schenken, *present, give; pour out*

Schere (f), (*pair of*) *scissors*

Scherenschleifer (m), *knife-grinder*

scheuen, *avoid*

Scheune (f), *barn*

scheußlich, *dreadful*

Schicht (f), *layer*

Schicksal (n), *fate*

schieben, *push*

Schild (n), *sign;* Schildchen (n), *small sign*

schildern, *describe, depict*

Schilderung (f), *description*

Schimmel (m), *mildew, mould*

schimpfen, *scold, curse*

schlackern, *flap, move limply*

Schläfe (f), *temple*

schlaff, *flabby*

schläfrig, *sleepy*

Schlag (m), *blow; stroke; beating (of wings); door (of a car or carriage);* mit einem Schlage, *all at once, at one blow*

Schlagbaum (m), *turnpike, barrier*

Schlagermusik (f), *popular music*

Schlagzeile (f), *headline*

Schlangenbussard (m), *snake-buzzard*

schlank, *slim, slender*

Schlapphut (m), *slouch hat*

schleichen, *creep*

schleifen, *cut, grind*

schlendern, *stroll*

schleppen, *drag*

Schleppzug (m), *train of barges*

schließen, *shut*

schließlich, *final(ly), at last, after all*

schlimm, *bad*

schlingern, *lurch, sway*

Schloß (n), *castle; lock*

Schlucht (f), *gorge*

schluchzen, *sob*

schlucken, *swallow, gulp*

schlummern, *slumber*

Schlund (m), *throat, gullet; abyss*

schlürfen, *shuffle, drag (one's feet)*

Schlüssel (m), *key*

schmackhaft, *tasty*

schmal, *narrow; thin, slender*

Schmalfilm (m), *8 mm. film*

schmeicheln, *flatter*

schmerzlich, *painful, sad*

schmerzlos, *painless*

schmettern, *resound*

Schmuck (m), *ornament, decoration*

schmücken, *decorate*

schmutzig, *dirty*

Schnabel (m), *beak*

schnalzen, *click*

schnappen, *snap*

schnauben, *snort, puff*

Schnaufer (m), *breath, panting*

Schnauze (f), *snout*

Schneider (m), *tailor; dressmaker*

schnellen, *jerk (up)*

schnöde, *disdainful, scornful*

schnuppern, *sniff*

Schnur (f), *cord, string*

schnüren, *tie up (with string)*

schonungslos, *unsparing, relentless*

Schornstein (m), *chimney*

Schoß (m), *lap*

Schößling (m), *shoot, sprig*

Schotter (m), *ballast, broken stone*

schräg, *oblique, sloping*

Schrank (m), *wardrobe*

Schreck (m), *fright*

Schrei (m), *cry, shriek*

Schreib/-maschine (f), *typewriter.* -tisch (m), *desk*

Schreiner (m), *joiner, carpenter*

Schriftsatz (m), (*formal*) *declaration, pleading*
Schriftsteller (m), *writer*
Schritt (m), *step, pace*
schroff, *abrupt*
Schrott (m), *scrap-metal*
Schub (m), *push*
Schub/-lade (f), *drawer*. -stange (f), *pole* (*to be grasped for pushing a handcart*)
schüchtern, *shy*
Schuh (m), *shoe*
Schuld (f), *debt; guilt*
schuldbewußt, *conscience-stricken*
schulden, *owe*
schuldlos, *innocent*
Schüler (m), *schoolboy, pupil;* höhere Schüler, *secondary-school pupils*
Schuljunge (m), *schoolboy*
Schulze (m) (= Schultheiß), (*village*) *mayor;* Schulz von Bülow und Bieresel, *folk-names for* Pirol, *oriole*
Schuppen (m), *shed*
schurren, *shuffle, slide*
schütteln, *shake*
Schutzblech (n), *mud-guard, wing*
schützen, *protect*
Schutzmarke (f), *trademark*
schwach, *weak*
schwanken, *sway; hesitate*
Schwankung (f), *fluctuation*
Schwänzchen (n), *little tail*
Schwarm (m), *swarm, flock*
schwärmen, *swarm*
schwedisch, *Swedish*
schweigen, *be silent*
schweigsam, *silent*
schwemmen, *wash up, deposit*
schwer, *heavy*

Schwerkraft (f), *force of gravity*
schwerlich, *hardly, scarcely*
Schwierigkeit (f), *difficulty*
Schwimmvogel (m), *web-footed bird*
Schwindel (m), *dizziness, giddiness*
schwingen, *swing; soar*
Schwingenfeder (f), *pinion, wing*
schwirren, *whirl, whir*
schwören, *swear, vow*
Schwung (m), *swing, impetus*
Se (= Sie)
sechseckig, *hexagonal*
See/-adler (m), *white-tailed eagle*. -hund (m), *seal*
Seelenwanderung (f), *transmigration of souls*
segnen, *bless*
seidig, *silky*
seinetwegen, *on his account*
Seitentasche (f), *side-pocket*
seitlich, *beside, at the side* (*of*)
Sekret (n), *secretion*
selbst/-los, *unselfish*. -verständlich, *obvious; of course*
selig, *blessed*
selten, *rare*
sengen, *scorch*
Senke (f), *low ground*
senken, *lower*
senkrecht, *vertical*
Serum (n), (*blood*) *serum*
Sessel (m), *easy-chair, armchair*
seufzen, *sigh*
Sicherheit (f), *certainty, security*
Siedlung (f), *settlement; housing estate*
Sieg (m), *victory*
Sinnesänderung (f), *change of mind*
sinnlos, *senseless*
sirren, *hum; buzz, whiz*
Sitte (f), *custom*

skandieren, (*impatiently*) *tap the rhythm* (*of*)
sodann, *then, afterwards; after all*
sofort, *at once*
Sog (m), *undertow*
Soldat (m), *soldier*
Solidität (f), *solidity, respectability*
sondergleichen, *unique, unequalled*
Sonderkonto (n), *special account*
Sonderling (m), *oddity, eccentric*
Sonnen/-scheibe (f), *solar disk.*
-schirm (m), *sunshade*
sonntäglich, *of a Sunday*
sonst, *otherwise, else*
Sorge (f), *care*
sorg/-fältig, *careful.* -los, *carefree*
sowieso, *in any case*
Spachtel (m), *spatula*
Spalier (n), *line, avenue*
spanisch, *Spanish*
spannen, *stretch, span; arouse tension*
sparen, *save, economize*
Spätaufsteher (m), *late riser*
Spatz (m), *sparrow*
Specht (m), *woodpecker*
Speise (f), *food, dish*
speisen, *eat; feed, dine*
Spende (f), *gift, contribution*
Sperrkonto (n), *account of which only limited use may be made*
Spesen (f plur.), *expenses, charges*
Spiegel (m), *mirror*
Spieldose (f), *musical box*
spielerisch, *playful*
Spindel (f), *spindle*
spinnen, *spin*
Spinn/-gewebe (n), -web (n), *cobweb*
spitz, *pointed*
Spitze (f), *spike, point, tip*
Spocht (m), *thin, spindly man*
Sportwagen (m), *sports car*

Spott (m), *derision, mockery*
sprachlos, *speechless*
Springbrunnen (m), *fountain*
spröd, *brittle, dry*
Sprung (m), *leap, jump; spring*
Sprungdeckel (m), *spring-lid*
spucken, *spit*
Spur (f), *trace; mark*
spüren, *feel*
Staat (m), *state*
Stab (m), *staff, stick; bar*
städtisch, *municipal, urban*
Stadtrat (m), *town council; town councillor*
Stall (m), *stall, stable*
Stamm (m), *trunk (of a tree)*
Stammausleger (m), *knotty protuberance on a tree-trunk*
stammen, *come (from), originate*
Stand (m), *stand, position; foothold*
Stange (f), *bar*
Stapel (m), *pile, heap*
stapeln, *pile up, stack*
stärken (refl.), *take refreshment*
Stärkung (f), *refreshment*
starr, *stiff; rigid*
Starre (f), *rigidity*
starren, *stare*
Station (f), *stage, station*
Staub (m), *dust*
Stäubchen (n), *particle, mote*
stauen, *stow away;* (refl.) *be choked up*
Staunen (n), *astonishment*
stechen, *sting, prick*
Steckdose (f), *wall-plug*
Stehlampe (f), *standard lamp*
stehlen, *steal*
steif, *stiff*
steifen, *stiffen*
steigen, *climb, go up*
steigern, *increase, intensify*

steil, *steep, vertical*

Steinadler (m), *golden eagle*

stemmen, *set (against), plant (against)*

Steppe (f), *steppe*

stetig, *steady, constant*

Steuer (f), *tax*

Steuer (n), *rudder, helm, wheel*

Steuerrad (n), *steering-wheel*

Stichflamme (f), *jet of flame*

Stiftung (f), *endowment, award*

Stil (m), *style*

Stille (f), *quiet, stillness*

stillschweigend, *silent, tacit*

Stillstand (m), *stop, standstill*

Stimme (f), *voice*

stimmen, *be correct; agree*

Stirne (f), *forehead, brow*

Stoff (m), *material; matter*

Stoffbär (m), *teddy bear*

stolpern, *stumble*

Stolz (m), *pride*

stolzieren, *strut, stalk*

stören, *disturb*

Stoß (m), *bundle; push, jerk*

stoßen, *push, shove*; zu uns stoßen, *join (up with) us*

stottern, *stutter*

straff, *taut*

sträflich, *punishable, criminal*

Strand (m), *beach, shore*

Straßen/-decke (f), *road surface.* -laterne (f), *street-lamp*

Strauch (m), *shrub, bush*

Strauß (m), *ostrich; bouquet*

Streckchen (n), *little stretch, little distance*

strecken, *stretch out, extend*

streichen, *stroke*

streifen, *touch, graze*

Streifen (m), *strip*

streunen, *roam*

Strich (m), *line, streak, stroke*

Strick (m), *rope*

Strohhalm (m), *straw*

Strom (m), *river; stream; current*

strömen, *pour forth, flow*

Strumpf (m), *stocking*

Stufe (f), *step*

Stuhl (m), *chair*

Stühlchen (n), *little chair*

stülpen, *put, cover; turn up*

stumm, *silent, dumb*

Stummheit (f), *silence, dumbness*

stumpf, *dull; blunt*

stürmen, *storm*

Sturz (m), *fall*

stürzen, *fall, sink, rush*

stutzig, *startled, perplexed*

Suche (f), *search*

süchtig, *diseased, addicted*

Süden (m), *south*

summen, *buzz, hum*

Sünde (f), *sin*

Sunowo ('*fictitious place-name, although there is a lake called Lake Sunowo*'; note by the author)

sympathisch, *likeable*

Tablett (n), *tray*

tadeln, *blame*

Tagesverdienst (m), *day's earnings*

Takt (m), *time, rhythm; tact*

Taktlosigkeit (f), *tactlessness*

Tal (n), *valley*

Tankwagen (m), *petrol lorry*

tänzeln, *frisk, skip about*

Tanz/-fläche (f), *dance-floor.* -lokal (n), *dance-hall*

tappen, *grope*

Tasche (f), *pocket; handbag*

Taschenuhr (f), *pocket watch*

tasten (refl.), *feel one's way*

Tätigkeit (f), *activity*
Tatsache (f), *fact*
tatsächlich, *actual, real*
taub, *deaf*
taufen, *christen*
taugen, *be of use, be fit (for)*
taumelig, *reeling, unsteady*
tauschen, *exchange*
täuschen, *deceive*
Tauschobjekt (n), *article of exchange*
Teegarnitur (f), *tea-service, tea-set*
teilen, *divide*
Teil/-haber (m), *partner (in a firm)*.
-nahme (f), *sympathy; participation*
Telefonhörer (m), *telephone receiver*
Teller (m), *plate*
Tennisschläger (m), *tennis-racket*
Teppich (m), *carpet;* Teppichklopfen (n), *beating carpets*
thessalisch, *Thessalian*
Tiergarten (m), *zoological garden,
park (in Berlin)*
tilgen, *obliterate, destroy*
Tinte (f), *ink*
Tischplatte (f), *table-top*
Todesurteil (n), *death sentence*
todhaft, *deathly*
Ton/-art (f), *key, tone.* -fall (m),
intonation
Tonne (f), *cask, barrel, bin*
Topp (m), *top-mast*
torkeln, *stagger, reel*
totsagen, *spread rumour that someone
has died*
Trab (m), *trot.* -schritt (m),
cantering step
traben, *trot*
träg, *slow, idle*
Tragbarkeit (f), *bearing power*
Träne (f), *tear*
Trauer (f), *sorrow, grief; mourning*

Trauerfall (m), *death, bereavement*
treiben, *drive*
Treppe (f), *staircase, stairs*
Treppenabsatz (m), *landing*
treten, *tread, step;* einem zu nahe
treten, *offend someone*
Treue (f), *loyalty*
Treuhänder (m), *executor*
Triesel (m), *(toy) top*
Trikotage (f), *knitted goods, woollens*
trippeln, *trip*
Tritt (m), *step, tread; kick*
trocknen, *dry*
Trödler (m), *dealer in second-hand
goods*
trommeln, *beat, drum*
trudeln, *spin, roll*
Trupp (m), *flock, group*
Tuch (n), *cloth, material*
tüchtig, *capable, efficient*
Türgriff (m), *door-handle*
Turm (m), *tower*
Tüte (f), *paper-bag*

überbauen, *build over*
überbringen, *bring, convey*
übereinanderschichten, *pile up*
überfüllen, *overfill*
übergeben, *give, hand over*
übergehen, *change (to), turn (into)*
Übergewicht (n), *overweight,
top-heaviness*
übergroß, *too large, excessive*
überhandnehmen, *become too
powerful*
überhängen, *overhang*
Überheblichkeit (f), *presumption*
überholen, *overtake*
überhören, *fail to hear*
überkrustet, *crusted over*
überlassen (refl.), *give oneself up (to)*

überlasten, *overburden*
überlegen, *consider, reflect*
Überlegung (f), *consideration, reflection*
übermäßig, *excessive*
übernehmen, *undertake*
überprüfen, *examine*
überquellen, *overflow*
überqueren, *cross*
überragen, *overhang, extend beyond*
überraschen, *surprise*
überreichen, *present; hand over*
überschätzen, *overestimate, overrate*
überschlafen, *sleep over, sleep on*
überschlagen (refl.), *turn over, go head over heels*
überschreiten, *go beyond, exceed*
überschütten, *overwhelm*
Übersee (f), *overseas*
übersehen, *overlook*
übersteigen, *climb over; surpass, exceed*
übertönen, *sound above, drown*
übertragen, *transfer*
übertreffen, *exceed, surpass*
übertreiben, *exaggerate*
überwältigen, *overwhelm, overcome*
überweisen, *remit*
überwölben, *vault over, over-arch*
überzeugen, *convince*
Überzeugung (f), *conviction*
Überzug (m), *coating, covering*
Ufer (n), *bank (of a river); shore*
Uferwellchen (n), *little coastal wave*
Uhr (f), *clock, watch*
Ulme (f), *elm*
umblicken (refl.), *look around*
umdrehen (refl.), *turn around*
umfassen, *embrace, span*
Umgebung (f), *neighbourhood; environment*

Umgegend (f), *neighbourhood, vicinity*
umgehen, *be occupied with, have to do with; go round; evade*
umgehend, *immediate, by return (of post)*
umher/-gehen, *walk around.*
 -torkeln, *stagger around*
Umkehr (f), *turning back, return*
umklammern, *cling to, clasp*
Umkreis (m), *radius, range; circle*
umleiten, *divert*
Umsatz (m), *turnover, sales*
Umschlag (m), *envelope*
umschlagen, *turn, overturn, change*
umschweben, *hover around*
umsehen (refl.), *look round*
umsonst, *for nothing; in vain*
umspannen, *span (round), encircle*
umständlich, *ceremonious, involved*
Umtrieb (m), *agitation, intrigue*
umwandeln, *change, transform*
Umweg (m), *roundabout way, detour*
Umwelt (f), *environment*
Unachtsamkeit (f), *inattention, carelessness*
unangenehm, *unpleasant*
unauffällig, *unobtrusive*
unaufhaltsam, *irresistible, incessant*
unaufhebbar, *irrevocable, unrepealable*
unausschöpflich, *inexhaustible*
unbändig, *unruly*
unbedeutend, *unimportant, insignificant*
unbedingt, *absolute, unconditional*
unbegreiflich, *incomprehensible*
Unbehagen (n), *discomfort, uneasiness*
unbehaglich, *uncomfortable, uneasy*
unbeholfen, *clumsy*

unbeteiligt, *disinterested, not concerned*

unbewältigt, *not yet completed; not yet mastered; unfinished*

unbeweglich, *motionless*

unbezahlbar, *inestimable*

unbezweifelbar, *indubitable*

Unbrauchbarkeit (f), *uselessness*

unentmutigt, *undiscouraged*

unerhört, *unheard of*

unerläßlich, *essential*

unerlaubt, *forbidden*

unermüdlich, *untiring, indefatigable*

unerreichbar, *unattainable*

unerwartet, *unexpected*

unfähig, *incapable*

Unfall (m), *accident*

Ungeduld (f), *impatience*

ungeduldig, *impatient*

ungehemmt, *uninhibited*

Ungelegenheit (f), *inconvenience, trouble*

ungeschickt, *awkward, clumsy*

ungesellig, *unsociable, retiring*

ungestüm, *impetuous*

ungesund, *unhealthy*

ungewohnt, *unusual; unaccustomed*

ungleich, *unequal*

Unglück (n), *misfortune; accident*

Unglücksfall (m), *accident, misadventure*

ungültig, *invalid, worthless*

ungütig, *unkind*

unheimlich, *uncanny*

Unkosten (plur.), *expense*

unmittelbar, *direct*

unnötig, *unnecessary*

Unrecht (n), *wrong, injustice*

unreell, *unsound, unreliable*

unregelmäßig, *irregular*

unrichtig, *wrong*

unsachlich, *subjective, irrelevant*

unscheinbar, *unpretentious, insignificant*

unschlüssig, *undecided*

unsichtbar, *invisible*

Unsinn (m), *nonsense*

unsterblich, *immortal*

untätig, *inactive*

unterbrechen, *interrupt*

unterbringen, *accommodate, house*

unterdrücken, *suppress*

untergehen, *sink, set*

unterhaken (refl.), *take someone's arm*

unterhalten (refl.), *converse (with), talk (to)*

Unterlage (f), *document, record*

unterlassen, *omit, refrain from*

unterlegen, *inferior*

unterliegen, *succumb (to), be subject (to)*

Unternehmen (n), *undertaking*

unterrichten, *instruct, teach*

unterscheiden, *distinguish*

Unterschied (m), *difference*

unterschlagen, *intercept*

unterschreiben, *sign*

Unterschrift (f), *signature*

untertauchen, *plunge, dive; disappear*

Unterteil (n), *lower part, bottom*

unterwegs, *on the way*

unterwerfen, *subject*

unüberwindbar, *unconquerable*

unverkäuflich, *unsaleable*

unvermeidbar, *inevitable*

Unverschämtheit (f), *impertinence, impudence*

unversehens, *unexpectedly*

unverständlich, *incomprehensible*

Unverständnis (n), *lack of understanding*

unvoreingenommen, *unprejudiced*
unwahrhaftig, *insincere,*
  dissimulated
Unwahrhaftigkeit (f), *insincerity,*
  dissimulation
Unwahrheit (f), *untruth*
unwahrscheinlich, *improbable*
unwichtig, *unimportant*
unwiderlegbar, *irrefutable*
unwiderstehlich, *irresistible*
unwillig, *angry, resentful; reluctant,*
  unwilling
unwillkürlich, *involuntary*
unwürdig, *unworthy, disgraceful*
unzählig, *innumerable*
unzerstört, *undestroyed*
unzugänglich, *unapproachable*
unzuständig, *unqualified,*
  unauthorized
Urgrund (m), *fundamental ground;*
  primary cause
Ursache (f), *reason, cause*
ursprünglich, *original*
Urteil (n), *judgment*
Urwald (m), *primeval forest*

vag, *vague*
väterlich, *fatherly*
Vaterstadt (f), *home town*
Velourfilz (m), *velour-felt (hat)*
verabschieden, *send away, dismiss;*
  (refl.) *take leave (of)*
verächtlich, *contemptuous*
verändern, *change, transform*
veranlassen, *cause*
Verantwortung (f), *responsibility*
Verband (m), *bandage, medical*
  dressing; association
Verbannung (f), *banishment*
verbergen, *conceal, hide*
verbeugen (refl.), *bow*

Verbeugung (f), *bow*
verbieten, *forbid*
verbinden, *unite*
verbissen, *dogged, sullen*
Verbissenheit (f), *doggedness,*
  sullenness
verblüffen, *amaze*
verbrauchen, *use (up)*
Verbrecher (m), *criminal*
verbreitern, *broaden, widen*
Verbringung (f), *deportation*
verbuchen, *book, record*
Verbuchung (f), *entry*
verdanken, *owe*
Verdeck (n), *roof (of a car); covering,*
  awning; deck
verdecken, *cover, hide*
verderben, *ruin, spoil*
Verderben (n), *ruin*
verdeutlichen, *make clear*
verdienen, *earn; deserve*
Verdienst (m), *wages; gain, profit;*
  (n), *service; merit*
verdient, *deserving*
verdrängen, *supplant*
verdrossen, *annoyed*
verdunkeln, *darken, obscure*
vereinbaren, *arrange, agree*
Vereinbarung (f), *agreement*
vereinzelt, *single, isolated, scattered*
vererben, *bequeath*
vererbt, *hereditary, inherited*
verfahren, *proceed, deal;*
  (refl.), *take the wrong road*
verfangen (refl.), *become entangled*
verfärben, *discolour*
verfehlen, *fail, miss*
verfügen, *have at one's disposal;*
  (refl.), *proceed (to)*
Verfügung (f), *disposal; order, decree*
vergangen, *past, previous*

144

vergeblich, *in vain*
Vergebung (f), *pardon, forgiveness*
vergehen, *disappear, die*
vergeuden, *squander*
vergewissern (refl.), *ascertain,*
 confirm
vergleichen, *compare*
vergoldet, *gilt, gold-plated*
vergraben, *bury, conceal*
verhalten, *hold back; restrain;*
 (refl.), *act, behave, keep (quiet)*
Verhalten (n), *behaviour*
Verhältnis (n), *circumstance;*
 relationship
verharren, *remain*
verhindern, *hinder, prevent*
verhören, *question, interrogate*
verirren (refl.), *stray, wander; lose*
 oneself
Verjährung (f), *term of limitation*
Verkauf (m), *sale*
verkaufen, *sell*
verkehren, *visit, associate; turn the*
 wrong way
verkleinern, *diminish, reduce*
verknoten, *knot, tie*
verknüpfen, *link, tie*
verlängern (refl.), *stretch, extend*
verlassen, *leave;* sich auf etwas
 verlassen, *depend on something*
Verlegenheit (f), *embarrassment*
Verlorenheit (f), *forlornness*
verlustig gehen (with genitive),
 lose
vermachen, *bequeath*
vermehren, *increase*
vermeiden, *avoid*
vermeinen, *think, suppose*
vermissen, *miss*
vermitteln, *mediate, bring about*
vermögen, *be able*

Vermögen (n), *fortune, wealth,*
 property; power, ability
vermuten, *presume, suppose*
vermutlich, *presumable, probable*
vernähen, *sew up*
vernehmbar, *perceptible; audible*
vernehmen, *perceive; hear, under-*
 stand; sich vernehmen lassen,
 express an opinion, declare
vernichten, *destroy*
vernünftig, *reasonable, sensible*
verpflichten, *oblige, pledge*
Verpflichtung (f), *obligation*
verquälen, *distress, agonize*
Verrat (m), *betrayal*
verreisen, *travel*
versagen, *deny, refuse*
versammeln, *assemble, collect*
versaufen, *spend on drink*
verschätzen (refl.), *misjudge*
verscheuchen, *scare away*
verschieden, *different*
Verschlechterung (f), *deterioration*
verschleiern, *veil, conceal*
verschließen, *close, lock*
verschlingen, *swallow up*
verschlüsselt, *in code*
verschönen, *beautify*
verschränken, *cross, fold (arms)*
verschüchtern, *frighten, scare*
Verschüchterung (f), *fear*
verschwiegen, *reticent, discreet*
Verschwiegenheit (f), *discretion*
verschwimmen, *become blurred*
verschwinden, *disappear*
versehen, *provide*
versichern, *assure; insure*
versöhnlich, *conciliatory*
versorgen, *provide, supply*
verspüren, *feel*
Verständnis (n), *understanding*

verständnislos, *uncomprehending*
verstauben, *become dusty*
verstecken, *hide*
verstehen, *understand;* sich verstehen
   auf, *be skilled in*
versteifen, *stiffen*
versteinen, versteinern, *turn to stone*
verstellen (refl.), *dissemble, pretend*
verstimmen, *put out (of humour)*
verstümmeln, *mutilate; curtail; garble*
verstummen, *become silent*
Versuch (m), *attempt*
versuchen, *attempt, try; tempt*
verteidigen, *defend*
verteilen, *distribute*
vertrauen, *trust (in), rely (on)*
Vertrauen (n), *trust, confidence*
vertraut, *familiar*
Vertreter (m), *representative, agent*
vertrösten, *comfort; hold out hopes*
vertun, *waste*
verursachen, *cause*
verwachsen, *deformed*
verwahren, *keep (in safety)*
verwalten, *manage, administer*
Verwaltungsgebäude (n),
   administration building
verwandeln, *transform*
verwandt, *related*
Verwandte(r) (m), *relation, relative*
Verwarnung (f), *caution, reprimand*
verweigern, *refuse*
verwenden, *use, utilize*
verwerfen, *reject*
verwickeln, *involve, entangle*
verwirren, *confuse*
verwöhnen, *spoil, indulge*
verwunderlich, *surprising, wondrous*
verwundern, *astonish*
verzehren, *consume, eat*
verzeihen, *pardon*

Verzeihung (f), *pardon*
Verzicht (m), *renunciation*
verzichten, *renounce, forgo*
verzurren, *tie up*
verzweifelt, *desperate*
Verzweiflung (f), *despair*
verzweigen (refl.), *branch out*
Verzweigung (f), *branching*
Veterinär (m), *veterinary surgeon*
vibrieren, *vibrate*
Vielfalt (f), Vielfältigkeit (f),
   diversity, multiplicity
viel/-sagend, *significant, full of*
   meaning. -seitig, *many-sided.*
   -stöckig, *many-storied*
Viertelpfund (n), *quarter of a pound*
Villenvorort (m), *residential suburb*
Visage (f), *face (vulg.)*
Visitenkarte (f), *visiting-card*
Vitrine (f), *show case, glass case*
Vogel (m), *bird*
vollbringen, *accomplish, achieve*
völlig, *whole, full*
Volljährigkeit (f), *coming of age*
Vollmacht (f), *power of authority,*
   power of attorney
vollstopfen, *stuff*
Vorarbeiter (m), *foreman*
voraus/-ahnen, *anticipate.* -eilen,
   anticipate, hurry on ahead. -laufen,
   run ahead. -setzen, *assume, suppose*
Voraussetzung (f), *presupposition,*
   assumption
vorbei, *past, over*
vorbei/-fließen, *flow past.* -gehen,
   go past
vorbildlich, *model, exemplary*
vorbringen, *advance, bring forward*
vorder, *front, at the front*
Vorder/-mann (m), *man in front.*
   -rad (n), *front wheel*

vordringen, *press on*
vorfahren, *drive up to*
Vorfall (m), *incident, event*
vorfinden, *find*
Vorfrage (f), *preliminary question*
Vorgang (m), *process, procedure; occurrence, event*
vorgedruckt, *(ready) printed*
vorhanden, *at hand, available*
Vorhang (m), *curtain*
vorkommen, *appear, seem; be found, occur*
vorlesen, *read, read aloud*
vorliegen, *be present, be at hand*
Vormittag (m), *morning*
Vormundschaft (f), *guardianship, trusteeship*
vorn, *in front*
Vorname (m), *Christian name*
vornehmen (refl.), *resolve*
vornehmlich, *in particular*
Vorort (m), *suburb*
Vorschein (m); zum Vorschein kommen, *appear*
Vorschlag (m), *suggestion*
vorschlagen, *suggest*
vorsehen, *provide for, plan*
vorsichtig, *careful*
vorsichtshalber, *as a matter of precaution*
vorsorglich, *as a precaution*
vorspringen, *project, protrude*
vorstellbar, *imaginable*
vorstellen (refl.), *imagine*
vorstoßen, *push forward*
vorstrecken, *put forward, stretch forward*
Vorteil (m), *advantage*
vorüberflattern, *flutter past*
Vorwurf (m), *reproach*
vorzeitig, *premature*

Vorzimmerdame (f), *office receptionist*
vorzüglich, *pre-eminent*

waagrecht, *horizontal*
wach, *awake*
wachen, *watch; be awake*
wachrütteln, *jolt awake, arouse*
wachsam, *alert*
Wachsamkeit (f), *vigilance*
Wachstum (n), *growth*
Wachtel (f), *quail*
Wächter (m), *attendant*
Wägelchen (n), *little cart*
wagemutig, *daring*
wagen, *dare*
Wagen (m), *car*
wägen, *consider, weigh up*
Wahl (f), *choice; election*
wählen, *choose*
wähnen, *suppose, imagine*
wahrhaftig, *sincere, true; really*
wahrnehmen, *notice; attend to, look after*
wahrscheinlich, *probable*
Wahrung (f), *maintenance*
Wahrzeichen (n), *distinctive mark*
Wald (m), *forest, wood;* ... wohnt im Wald, ... *is hard to find*
walken, *felt (hats); full (cloth)*
Wallach (m), *gelding*
Wallburg, *(fictitious place-name)*
walten, *rule, hold sway*
walzen, *roll, mill; waltz*
Wanderung (f), *wandering; migration (of peoples)*
Wange (f), *cheek*
Wanten (f plur.), *shrouds*
Wappen (n), *coat of arms*
wappnen, *arm*
Ware (f), *goods*

Wärme (f), *warmth*

warten, *wait*

Wärter (m), *keeper, attendant*

wasser/-dicht, *waterproof*. -reich, *rich in water, humid*

Wasserspiel (n), *fountain*

Wechselgeld (n), *change*

wecken, *awaken*

Weg (m), *way; path;* sich auf den Weg machen, *set out*

weg/-ducken (refl.), *duck away*. -fahren, *leave, drive away*. -geben, *give away*. -gehen, *go away*. -laufen, *run away*. -nehmen, *take away, take up*. -reißen, *snatch away*. -rutschen, *slip away*. -stecken, *put away*. -ziehen, *pull away*

wehmütig, *sad, melancholy*

wehren (refl.), *resist*

Wehrsteuer (f), *defence tax*

weiblich, *feminine, female*

weich, *soft; pliable*

weichen, *soften; recede, withdraw*

Weide (f), *pasture-land*

Weigerung (f), *refusal*

weihnachtlich, *Christmassy*

Weilchen (n), *little while*

Weile (f), *while, space of time*

Weinbauer (m), *wine-grower*

weißhäutig, *white-skinned*

Weisung (f), *order, direction*

weit, *wide; broad; vast; far, distant;* bei weitem, *by far*

Weite (f), *width; (large) space; distance*

Weiterexistieren (n), *continued existence*

weiter/-fahren, *drive on*. -gehen, *go on*. -kommen, *progress, get on*.

-schwimmen, *swim on*. -sehen, *look further*

weit/-gehend, *extensive*. -her, *from afar*. -hin, *far and wide, scattered*. -läufig, *extensive*

Weitschweifigkeit (f), *diffuseness*

weitverzweigt, *very extensive*

Wellenmuster (n), *pattern of waves*

Welt/-auge (n), *eye of the world (e.g. Providence, or the sun)*. -teil (m), *quarter of the globe, continent*

wenden, *turn; change*

wendig, *manœuvrable*

Werbetextler (m), *writer of advertising copy*

Werg (n), *tow*

Werks-halle (f), *workroom*. -mannschaft (f), *works team*

Wert (m), *value*

wertvoll, *valuable*

Wesen (n), *nature, character; being*

wettmachen, *make good*

Widerspruch (m), *contradiction*

widerstandslos, *without resistance*

Widerwille (m), *aversion, reluctance*

widerwillig, *reluctant*

widmen, *dedicate, devote*

Wiedergutmachung (f), *reparation*

Wiederherstellung (f), *reconstruction, restoration*

wieder/-holen, *repeat*. -kehren, -kommen, *come back*. -reichen, *hand back*

Wieder/-sehen (n), -treffen (n), *meeting again*

wiederum, *again*

wiehern, *neigh*

Wiesbaum (m), *hay-pole*

Wiese (f), *meadow*

wieso, *why*

wiewohl, *although*

wildfremd, *completely strange*
Wildschwein (n), *wild boar*
willenlos, *irresolute*
wimmeln, *teem, swarm*
Windbö (f), *gust of wind*
winden (refl.), *writhe*
Windjacke (f), *wind-jacket*
Wink (m), *sign; hint*
winken, *wave, beckon*
winzig, *tiny*
Wirbel (m), *whirl, eddy*
Wirbelwind (m), *whirlwind*
wirken, *act, do; have an effect*
Wirtschaft (f), *household; economic system; public house*
wirtschaftlich, *economic*
wispern, *whisper*
wittern, *scent, smell*
Witz (m), *joke*
Woge (f), *wave*
Wohl (n), *welfare*
Wohlhabenheit (f), *wealth, affluence*
wohlig, *comfortable, content*
wohlwollend, *benevolent*
wohnen, *live, dwell*
Wohnhang (m), *exclusively residential slope*
wohnlich, *comfortable, cosy*
Wohnungs/-amt (n), *housing office.* -ausschuß (m), *housing committee*
wölben (refl.), *arch, distend*
Wölbung (f), *arch, dome, vault*
Wolke (f), *cloud*
Wolle (f), *wool*
wollen, *want, intend;* (adj) *woollen*
womöglich, *if possible, possibly*
wortkarg, *taciturn*
wörtlich, *word for word*
wortlos, *mute; wordless*
wuchtig, *vigorous; weighty*
Wunder (n), *wonder, miracle*

wundern, *surprise;* (refl.) *be surprised*
Würdigung (f), *appreciation*
Wurst (f), *sausage*
Wurzel (f), *root;* Wurzel fassen, *take root*
Wut (f), *rage, fury*

Zacke (f), *spike, point*
zag, *timid, irresolute*
zäh, *tough*
Zahl (f), *figure, number*
zahlen, *pay (for)*
zählen, *count*
Zahlungsanweisung (f), *money order, cheque*
zahm, *tame*
Zahn (m), *tooth*
Zange (f), *(pair of) tongs*
Zank (m), *quarrel*
zärtlich, *tender, affectionate*
Zauberin (f), *sorceress*
Zaun (m), *fence*
Zeichnung (f), *drawing, sketch*
Zeiger (m), *hand (of a clock), pointer*
zeihen, *accuse, charge*
Zeile (f), *line*
Zeitalter (n), *period, age*
Zeitlupentempo (n), *slow motion*
Zeitschrift (f), *magazine, periodical*
Zeitung (f), *newspaper*
zeitweilig, *temporary, periodic*
Zenit (m or n), *zenith, height*
zerbrechen, *break to pieces*
Zerfall (m), *ruin, disintegration, decline*
zerfallen, *disintegrate, decay*
zerfetzen, *tear to pieces*
zerknacken, *crack*
zermürben, *wear down*

zerreißen, *split; tear (to pieces)*
zerren, *tug, pull*
zerschlagen, *knock to pieces, smash*
Zeuge (m), *witness*
zeugen, *bear witness, testify*
Ziege (f), *goat*
ziel/-los, *aimless.* -sicher, *certain of one's aim, purposeful*
ziemen (refl.), *be seemly*
Ziergarten (m), *ornamental garden*
zierlich, *graceful*
Zigarettenstummel (m), *cigarette stub*
Zinsen (m plur.), *interest*
Zinseszins (m), *compound interest*
Zittergras (n), *quaking-grass*
zittern, *tremble*
Zofe (f), *lady's maid*
zögern, *hesitate*
zornig, *angry*
zubringen, *spend (time)*
zucken, *start, jerk;* mit den Schultern zucken, *shrug one's shoulders*
zudrehen, *turn towards*
Zufall (m), *chance*
zufallen, *fall (to someone's share)*
zufällig, *by chance, chance*
zufrieden, *satisfied, content*
Zufriedenheit (f), *contentment*
zuführen, *bring to*
Zug (m), *train; draught; trait;* im Zug, *in full swing*
zugeben, *admit, concede*
zugehen, *go up to; happen, take place*
zügig, *uninterrupted, smoothly moving*
zugleich, *at the same time*
zugreifen, *give a hand, help*
Zugriff (m), *grip*
zugrunde gehen, *perish, be destroyed*

zuhören, *listen*
zuhüpfen, *hop towards*
zukneifen, *screw up*
Zukunft (f), *future*
zulächeln, *smile at*
zulaufen, *run towards*
zuleiten, *direct (towards), convey*
zulenken, *guide towards; turn towards*
zuliebe, *for the sake of*
zumachen, *close, shut*
zumal, *especially as*
zumauern, *wall up*
zumindest, *at least*
zumuten, *expect, ask*
zunächst, *at first; above all*
zündend, *stirring, inflammatory*
zunehmen, *increase*
Zunge (f), *tongue*
zunicken, *nod (to)*
zupfen, *pluck, pick*
zurechtrücken, *put in the right place, put right*
zurück/-biegen, *bend back.* -bleiben, *remain behind.* -bringen, *bring back.* -denken, *think back.* -fallen, *fall back.* -führen, *attribute (to).* -geben, *give back.* -holen, *fetch back.* -kehren, -kommen, *return.* -lassen, *leave behind.* -nehmen, *take back.* -rufen, *call back.* -schauen, *look back.* -schlagen, *throw back, open.* -schwimmen, *swim back.* -stemmen, *set back, bring back.* -tragen, *carry back.* -weichen, *give way, yield.* -werfen, *throw back.* -ziehen, *draw back; (refl.) retreat, withdraw*
zusagen, *accept, agree; suit, please*
Zusammen/-arbeit (f), *co-operation.* -bruch (m), *collapse, breakdown*

VOCABULARY

zusammen/-führen, *bring together.*
-halten, *hold together*
Zusammenhang (m), *connection*
zusammen/-harken, *rake together.*
-krampfen, *clench together*
Zusammenlegung (f), *putting together, fusion*
zusammen/-mischen, *mix together.*
-nehmen (refl.), *pull oneself together.* -packen, *pack up.*
-pumpen, *collect by borrowing.*
-raffen, *seize, snatch together.*
-schlagen, *strike together, clap.*
-treten, *come together*
zuschauen, *watch*
zuschlängeln (refl.), *twist (towards), coil (towards)*
zuschnappen, *close with a snap*
zuschnüren, *tie up, strangle;* es schnürt mir die Kehle zu, *it makes me choke*
zusehen, *watch, look at*
Zustand (m), *condition*
zustehen, *be due to*
Zustimmung (f), *assent, consent*

zustreben, *strive for, make for*
zutragen, *carry towards;* (refl.) *take place*
zutreffen, *be correct*
zutrinken, *drink to (someone's health)*
Zuversicht (f), *confidence*
zuversichtlich, *confident*
zuweilen, *sometimes*
zuweisen, *assign, allot*
zuwenden (refl.), *turn towards*
zuwinken, *beckon to, wave*
zuziehen, *draw to, close*
zwangsweise, *compulsory*
zwar, *indeed, certainly, it is true;* und zwar, *and what is more*
Zweck (m), *purpose*
zwecklos, *pointless, useless*
Zweifel (m), *doubt*
zweifellos, *undoubted*
zweigeschossig, *two-storied*
zwielichtig, *in a twilight manner*
zwingen, *compel*
Zwischen/-bemerkung (f), *incidental remark.* -zeit (f), *intervening time*